转型创业

用创业的方法实现转型

王 澜 ◎ 著

企业管理出版社
ENTERPRISE MANAGEMENT PUBLISHING HOUSE

图书在版编目（CIP）数据

转型创业：用创业的方法实现转型/王澜著．－－北京：企业管理出版社，2018.3

ISBN 978-7-5164-1648-8

Ⅰ.①转… Ⅱ.①王… Ⅲ.①企业创新－研究－中国 Ⅳ.①F279.23

中国版本图书馆 CIP 数据核字（2017）第 304900 号

书　　名：	转型创业：用创业的方法实现转型
作　　者：	王　澜
责任编辑：	郑　亮　黄　爽
书　　号：	ISBN 978-7-5164-1648-8
出版发行：	企业管理出版社
地　　址：	北京市海淀区紫竹院南路 17 号　　邮编：100048
网　　址：	http：//www.emph.cn
电　　话：	编辑部(010)68701638　　发行部(010)68701816
电子信箱：	qyglcbs@emph.cn
印　　刷：	北京宝昌彩色印刷有限公司
经　　销：	新华书店
规　　格：	170 毫米×240 毫米　　16 开本　　11.75 印张　　160 千字
版　　次：	2018 年 3 月第 1 版　　2018 年 3 月第 1 次印刷
定　　价：	48.00 元

版权所有　翻印必究·印装有误　负责调换

序：恩里克王子、葡萄牙和大航海时代

（一）

在西方世界崛起之前，欧洲还处在蒙昧的中世纪。从公元476年西罗马帝国灭亡到公元1640年英国资产阶级革命，虽然整个世界还处于割裂状态，但世界的中心属于东方。无论中国的汉唐、草原帝国蒙古还是奥斯曼土耳其帝国，经济、国力和军力，都曾称雄一时。波澜壮阔的人类经济发展史，在此消彼长之中给后人留下了大量千古传诵的故事和可资借鉴的启示。

大航海时代的开启十分偶然。

中世纪的欧洲，相当一部分地区冬季都有宰杀大部分牲畜越冬的习惯。因为当时没有冰箱，冬天主要的食物只能是腌肉、干肉、干鱼等。从保存食物和调味的角度，欧洲人对于胡椒、丁香、肉蔻、肉桂、生姜等香料的需求十分急迫，香料在欧洲市场的价格甚至堪比黄金。

香料的主要产地在印度、印度尼西亚、斯里兰卡和中国。公元1200年—1500年，传统的陆路运输被蒙古人和土耳其人打断，威尼斯人通过控制地中海到亚历山大港的航路逐渐垄断了欧洲的香料贸易。找一条新的航路冲破威尼斯人的垄断，这一经济动力也许就是开创欧洲地理大发现最重要的根源。

葡萄牙首先发现了非洲最南端的航路拔得头筹。公元1443年，从罗卡角出发的葡萄牙航海家穿越了西非海岸的博哈多尔角。随着葡萄牙人沿着非洲西海岸一路向南，源源不断的黄金、象牙和非洲胡椒流入里斯本。到公元 1460 年，被葡萄牙绘在地图上的非洲西海岸已经达到了 4000 公里。

葡萄牙卓有成效的发现及垄断地位的建立刺激了其他欧洲列强，包括西班牙、法国、英国、荷兰等，各国都试图挑战葡萄牙的领先地位并取而代之。

公元 1487 年 7 月，葡萄牙若昂二世国王派迪亚士率三艘帆船继续沿大西洋南下。在船队突遭一次罕见的风暴之后，迪亚士意外地发现，船队已经绕过了非洲的最南端。为纪念这次九死一生的传奇经历，迪亚士给这个海角取名"风暴角"，但若昂二世却郑重地将这个名字改为"好望角"。

1492 年 1 月，前后用 23 年时间刚刚完成统一大业的伊莎贝尔女王第三次召见了克里斯托夫·哥伦布。在此前的 6 年中，哥伦布在葡萄牙一直遭受冷遇。航海知识丰富的葡萄牙专家们认为哥伦布"向西航行到达东方"的想法不切实际。雄心勃勃的伊莎贝尔女王却意图另辟蹊径，与葡萄牙在航海上一争高下。哥伦布拿到了女王的风险投资。

哥伦布一路向西，终于看到了一片广袤的陆地——但那并不是他心中的印度，而是北美洲的巴哈马群岛，从那一天起，割裂的世界开始连接在一起。历史给西班牙送来了一个千载难逢的机遇。

经过近一年时间的谈判，1494 年 6 月 7 日，在罗马教皇的主持下，葡萄牙和西班牙在里斯本郊外的小镇上签署条约，在地球上画一条线，把地球一分为二。东方归了葡萄牙，美洲归了西班牙。

1498 年 5 月，经过 4 年的生死考验，葡萄牙航海家达·伽马率领的船队终于抵达印度的卡利卡特港。

1519 年 9 月 20 日，又一个被葡萄牙冷落的航海家麦哲伦，带着 5 艘船和 265 名船员，开始了人类历史上第一次环绕地球的航行。

随着大航海时代带来的地理大发现，东西方实力的对比在悄然发生变化。地理大发现为欧洲带来了数不清的殖民地、资源、劳动力和市场，为其后发生的工业革命奠定了物质基础。

（二）

在里斯本的帝国广场上，一座高大挺拔的乳白色大理石纪念碑屹立在波涛汹涌的特茹河畔，高耸笔直的碑柱直插云霄。从侧面看去，纪念碑犹如一艘在大海中劈波斩浪、昂首航行的大船。基座上雕刻着33位葡萄牙航海家和航海事业的历史功臣。其中，迪亚士是第一位绕过非洲大陆最南端——好望角的人，卡布拉尔是第一位到达巴西的欧洲人，达·伽马是第一位从欧洲航海到达印度的人，麦哲伦是第一个环球航行的人。但在建碑者看来，最重要的不是他们，而是那位站在船头，昂首注视远方的人——王子恩里克。

纪念碑正面的碑文写着：献给恩里克和发现海上之路的英雄。这座纪念碑之所以在1960年落成，目的是纪念恩里克逝世500周年。

恩里克全名为唐·阿丰索·恩里克，1394年出生在波尔图，是葡萄牙国王若昂一世的第三个儿子。1415年，年仅21岁的恩里克王子率葡萄牙舰队偷袭摩尔人控制的休达，一战成名。之后，若昂一世国王任命他为葡萄牙南部阿加维省的总督，罗马教皇任命他为基督骑士团团长。

夺取休达，恩里克尝到了通过航海和海战为葡萄牙开辟殖民地的甜头。在驻扎休达的一年多时间里，恩里克又从当地阿拉伯人那里听到了许多在非洲西海岸航行的知识，萌生了对航海的爱好。他确信，地球上尚有许多未知的大陆等待人们去发现。

恩里克清醒地意识到，自从1139年，葡萄牙人赶跑了摩尔人，建立了欧洲第一个君主制民族国家，在独立后的几个世纪里，由于地理位置偏僻和资源匮乏，葡萄牙的经济一直比较落后，国家是否能生存下去都成问题。

于是，一个宏大的设想在恩里克王子的脑海里初步形成——通过发展航海事业，让葡萄牙实现开疆拓土和富国强民。葡萄牙的北面和东面是西班牙，西面和南面是大西洋。当时，西班牙为了光复国土正与摩尔人打仗，陆地没有出口。要想走出去实现自己的宏大理想，征服西面和南面的大西洋是唯一的选择。

1417年，恩里克来到阿加维省，选择葡萄牙西南的圣维森特角附近一个名叫萨格雷斯的荒凉渔村定居下来，在这里创立了世界第一所专业航海学校和一个天文台。哥伦布早年就曾在王子主持的航海学校中深造学习。

大航海时代以前，欧洲人当然也懂航海，但那是在地中海中的航行。与波涛汹涌的大西洋、太平洋相比，地中海就如同波澜不惊的湖泊。当时，航行大洋所需要的导航、驾驶、造船技术相差甚远，航海家和水手严重缺乏，航海资金难以筹措。

恩里克从国外招聘有名的宇宙学家和数学家，系统研究航海技术、规划葡萄牙的航海蓝图。之后，在萨格雷斯开设船坞建造船只。

"……意大利人、阿拉伯人、犹太人、摩尔人，不同种族甚至不同信仰的专家、学者，聚集在他的麾下。他们改进了中国的指南针，把只配备一幅四角风帆的传统欧洲海船，改造成配备两幅或三幅大三角帆的多桅快速帆船，正是这些20多米长、60到80吨重的三角帆船最终成就了葡萄牙探险者的雄心；他们还成立了一个由数学家组成的委员会，把数学、天文学的理论应用在航海上，使航海成为一门真正意义上的科学。"（《大国崛起》解说词）

恩里克王子不仅研究航海，而且还用当总督和骑士团团长的收入资助远航探险。一生中，他共资助了6次远航。

第一次是1418年，发现了马德拉群岛。

第二次是1432年，发现了亚速尔群岛。这两次航行正式把它们划归葡萄牙名下。

序：恩里克王子、葡萄牙和大航海时代

第三次是 1434 年，航海家吉尔·埃阿尼什率领的船队成功越过了博哈多尔角。穿越博哈多尔角宣告了葡萄牙对非洲大陆探险开拓的全面开始。

第四次是 1443 年，发现了拉斯努瓦迪布半岛的布兰卡角。

第五次是 1445 年，发现了塞内加尔。

第六次是 1460 年，发现了佛得角群岛。

在这些航行中，大量黄金、财宝、奴隶被源源不断地运回葡萄牙。葡萄牙的领土和财富大大增加了。

1460 年，恩里克去世了。那一年，葡萄牙船队沿非洲西海岸向南探险的距离已经达到了 4000 千米。在后继航海家的继续努力下，葡萄牙人绕过好望角，占领莫桑比克、印度的果阿、马六甲、中国澳门，甚至还到了日本。葡萄牙成了显赫一时、无可匹敌的世界性帝国。

恩里克本人虽然一生中有过 4 次海上航行经历，但都是在熟悉海域的短距离航行，从未深入大洋。他组织航海技术研究，甄选航海团队，投资了多次探索性的航行，支持了葡萄牙面向大洋的转型，成为那个时代一位没有航海经历的"大航海之父"。

（三）

今天，人类又进入了一个新时代。当我们还在扼腕叹息中国错过了大航海时代和工业时代的时候，突然发现中国已经跻身于互联网时代的潮头。以百度、阿里巴巴和腾讯为代表的一批互联网企业，像大航海时代的哥伦布、达·伽马和麦哲伦那样，勇敢地探索未知的疆域，发现了一个又一个"新大陆"。

然而，对大多数中国企业家和创业者而言，他们刚刚品尝了工业时代一场短暂盛宴，还没来得及回味，却发现眼前的世界变得那么陌生。他们刚刚还在商场上攻城略地、挥斥方遒，却发现敌军压境、甲坚兵利。他们刚刚跨越了深沟天堑，却发现眼前是惊涛拍岸的太平洋。

航行大洋，去发现新大陆，成为大多数中国企业的共同主题。这次跨越产业大洋、摆脱危机的航行，我们把它叫作"转型"。

这次跨越大洋的航行与以往的经历大不相同。

——我们坚信大洋的那一头有富饶的新大陆，可是不知道新大陆具体在何方。

——我们只知道一路向前，手中却没有详细的航海图、航海仪。

——我们装上了给养，扯起了风帆，却不知道能否抵御大洋中的惊涛骇浪。

这是一次充满不确定性的航行。

对比中小企业，上了规模的传统集团企业面临的选择更为艰难。他们不像哥伦布们那样一贫如洗，无所畏惧。他们曾经跨越过无数大江大河，总希望凭借这些经验可以跨过大洋。他们家大业大、丁口众多，难免意见不一，往何处去？他们各有志向。

面对内部的分歧，开始一次不确定性的航行，集团企业的掌舵人们不由得忧心忡忡，难以决断。难道就这样把全副家当装上大船，驶入浩瀚的大洋？身边曾经横刀立马的老将旧部，能否成功地打赢一场并不擅长的海战？我们能不能顺利地发现自己的新大陆？

没有人能够回答这样的问题，但我们可以借鉴恩里克王子和葡萄牙王国开展大航海的故事，支持和派出船队，去发现新大陆。

——我们也可以挑选有勇气、有智谋、有能力的"航海家"，让他们组建团队。

——我们也可以建立"航海学校"，去训练年轻的"航海家"和"水手"。

——我们也可以投资多支"舰队"，去探索未知的"海域"。

——我们也可以与他们签订协议，共同分享新发现的利益。

——我们还可以在探明"新大陆"之后，再整体离开旧世界，开拓新疆域。

如果把哥伦布、达·伽马和麦哲伦看成是一批创业者的话，集团企业可以像葡萄牙王国那样，通过这些创业航程实现战略转型，成为新的大航海时代的赢家。集团企业家可以像恩里克王子一样，为哥伦布们赋能。

如果您想成为恩里克王子，如果您的企业想成为大航海时代的葡萄牙王国，就翻开本书，一起探索充满智慧的转型创业航程！

作 者

2017 年 11 月

目　　录

第一章　从此岸到彼岸 ·· 1
　　黄金十年 ·· 1
　　进退维谷 ··· 11
　　深层次原因 ··· 14

第二章　转型的方向 ·· 25
　　升级：从产品到企业 ··· 25
　　延伸：从设计到服务 ··· 42
　　跨界：重新定义行业 ··· 47

第三章　传统转型的窘境 ·· 52
　　整体转型：曾经的成功 ······································· 52
　　整体转型的关键因素 ··· 56
　　"船大难掉头" ··· 58

第四章　用创业的方法转型 ······································ 68
　　转型创业的战略模式 ··· 68
　　转型创业的基本定义 ··· 70
　　转型创业的优势 ··· 79
　　转型创业的三要素模型 ······································· 83
　　"双创"的主战场 ··· 85

1

第五章　构建积极投资人体制之一：集团公司的新定位　…………　89
　　集团公司的传统定位　……………………………………　89
　　集团投资与转型创业的关系　……………………………　93
　　向创投基金学习　…………………………………………　98
　　积极投资人　………………………………………………　100

第六章　构建积极投资人体制之二：从集团企业家到转型投资家　…　104
　　企业家的作用　……………………………………………　104
　　集团企业家的两种角色　…………………………………　107
　　集团企业家要成为转型投资家　…………………………　108
　　转型投资家的三种能力　…………………………………　110

第七章　赋能：创业公司需要的工具和环境　……………………　114
　　赋能的含义　………………………………………………　114
　　赋能在转型创业中的作用　………………………………　120
　　赋能的重点　………………………………………………　122

第八章　创业生态圈　…………………………………………………　129
　　生态圈的作用和组成　……………………………………　129
　　转型创业生态圈的策略　…………………………………　134

第九章　商业化创新　…………………………………………………　138
　　从创新到商业化创新　……………………………………　138
　　商业化创新的系统性、程度和领域　……………………　145
　　商业化创新思维　…………………………………………　163

第十章　结语：未来的企业集团　……………………………………　170

第一章 从此岸到彼岸

黄金十年

企业界的朋友常常谈起本行业的黄金十年,房地产的黄金十年、煤炭的黄金十年、钢铁的黄金十年……这些行业的黄金十年的起止时间有先有后,但相差不过一两年,大体上集中在21世纪的第一个十年前后。如果忽略掉这些时间上的短暂差异,我们也可以把这个时期称为中国产业经济的黄金十年。

黄金十年,就是一段企业家们频频回首的好日子。

在黄金十年中,中国成长为全球第二大经济体。

在黄金十年中,中国多个行业跃居世界第一。

在黄金十年中,中国诞生了许多世界五百强企业。

为什么中国企业在黄金十年中能够高歌猛进,而在其后却要分享艰难?

回顾一下黄金十年,有助于我们更深刻地理解当下,更好地判断未来。

两个引擎启动

2001年11月20日,世界贸易组织(以下简称世贸组织)总干事迈克尔·穆尔致函世贸组织成员,宣布中国政府已于2001年11月11日接受《中国加入世贸组织议定书》,这个议定书于12月11日生效。

这个消息让举国上下为之一震。从"复关"（恢复关贸总协定缔约国地位）到"入世"（加入世贸组织），中国一共谈了15年，这一结果的确来之不易。此时，与"复关"伊始情况有所不同，舆论更多表现出风险意识，虽然对打开国际市场有所憧憬，但纷纷对门户洞开之后国内企业遭受跨国企业冲击而忧心忡忡。有人说，"狼"来了，中国企业会被外国企业纷纷挤垮，要有几千万人失业。有人说，我们不懂国际惯例，不懂世界游戏规则，企业走出去会被碰得头破血流。

时间回拨到三年前。1998年7月3日，国务院印发了《关于进一步深化城镇住房制度改革加快住房建设的通知》。这份文件虽然涉及千千万万居民的切身利益，但当时并未引起学界和产业界的太大关注。房子，对大多数中国人来说，还是一件可望而不可即的事情。

两个重要事件一热一冷，人们虽然看到了事情的开始，但都没有猜到事情的结局——对中国未来十年产业结构的深远影响。"入世"不是中国企业的梦魇，而成了中国企业起航的港湾。房子，也不是遥不可及的东西，它成了中国家庭消费升级的主力军。

"入世"后，"狼"虽然来了，但似乎并没有那么可怕。

——那个时候，发达国家的商品相对国内消费能力显得档次太高，在中国一时没有太大市场。而中国处于工业时代的初期，劳动力和土地这两大要素价格相对便宜，具有发展大工业的比较优势。因此，"狼"主要以投资建厂方式而非出口商品来到中国。

——外资大举进入中国，必然要在中国兴建大量企业，带动国内能源、材料、交通等基础产业和基础设施的发展。基础产业和基础设施是"中国制造"定价权的基础，而这些产业牢牢地控制在我们手上。

——随着外资进入中国，发展工业的生产技术和管理经验自然进入中国，等于进了家门为我们提供辅导。中国的后发优势让我们拥有比较低的学习成本，能够就近学习，为以后的弯道超车奠定了知识基础。

当然，最重要的是"入世"彻底打开了中国商品出口的大门。

——全球化浪潮让中国享受了国际分工的好处。除了外商投资企业外，中国本土企业也异军突起，利用初级工业品和生产外包，成为全球产业链中重要的组成部分。

——美国、欧洲、日本这些发达国家和地区为中国工业的腾飞提供了大市场，物美价廉的中国消费品横扫全球，"中国制造"成为中国名片。

住房制度改革的作用表现得也十分突出。"商品房"成为中国居民的"新大件"，扮演了消费升级新主力的角色，强劲地拉动了建筑投资。

——房地产兼具消费和投资两种属性。一方面，房产满足了人们的居住需求，成为生活品质提高的新标志；另一方面，在中国经济高速成长期，房价上涨一直十分强劲，房产又成为相对可靠的投资品种，受到投资者的青睐。

——房地产是一种带动性极强的产业。它不但带动了建筑业，带动了钢铁、有色、化工、建材等多个产业，还拉动了家装、家具和家电市场。在消费品制造业和房地产业双重拉动下，这些高耗能产业迅猛发展，又带动了能源产业的发展。

为了满足国际、国内两种需求，工业品、消费品的生产呈现爆炸式增长，中国产业经济的"黄金十年"开始了……

人力成本优势 + 规模经济

黄金十年并不是凭空产生的，它是改革开放以来经济成就的总爆发。

如果从20世纪80年代中期中国启动城市和工业改革算起，作为一个世界产业格局中的后来者，我们凭什么用短短二十几年成为世界第一制造大国的呢？

市场决定产品，产品决定战略，而市场、产品、战略共同作用，决定了中国企业的发展模式，这个脉络和套路，我们称之为黄金十年企业发展的总逻辑。

市场。在上述逻辑中，市场是先导。正是因为市场打开了，中国企业才会以改革开放以来从未有过的高速度发展，相形之下，体制与结构中的一些难点问题似乎不那么突出了。正如前文所述，WTO和房地产两个引擎的启动，让此前十多年需求时松时紧的局面彻底改观，黄金十年首先是市场需求强劲喷发的十年。

产品。当时的中国企业大多定位于大众化产品。所谓大众化产品，可以简单地概括为"低端消费品+大宗商品"。

选择大众化产品自有其发展的内在逻辑。

——大众化产品的交付主要依靠生产制造而非设计研发，比较符合我们当时的能力水平。只要"照猫画虎"把生产线建起来，就能把产品做出来。同时，大众化产品对质量、性能等要求也不高，比起高端消费品，大众化产品销路也更为广阔。

——大众化产品更容易规模化。大众化产品制造比较简单，简单才容易批量化，才容易复制。我们也因此拿下了很多单品的世界第一。

战略。我们选择了总成本领先战略。

为了研究问题的方便，我们把整个中国制造业抽象成一个企业（姑且叫它"中国工厂"），把发达国家制造业也抽象成一个企业（可以叫它"外国工厂"），再进行一下对比，原因就比较清晰了。

无论是"中国工厂"还是"外国工厂"，都遵循战略大师迈克尔·波特总结出的工业时代三大成功逻辑：总成本领先战略、差异化战略和专业化战略。

差异化战略是将产品或服务差别化，树立起一些全产业范围中具有独特性的东西。实现差别化战略可以有许多方式：品牌形象、独特的技术、独特的产品性能及顾客服务、商业网络等方面的独特性。

专业化战略是主攻某个特殊的顾客群、某产品线的一个细分区段或某一地区市场。这一战略依靠的前提思想是：公司业务的专业化能够以更高的效率、更好的效果为某一狭窄的战略对象服务，从而超过在较广范围内竞争的对手们。

这两种战略都要求自身要么在技术或品牌方面超过对手，要么在运营效率方面超过对手。对"中国工厂"这个初学者来说，无疑是有难度的。于是，"中国工厂"很自然地采取了总成本领先战略。

总成本由生产成本和期间费用构成。其中，生产成本一般由料、工、费三项成本。原材料、制造费用（主要是能源和生产用固定资产的折旧）对"中国工厂"来说并无优势可言。期间费用中的管理费用、销售费用，"中国工厂"也并不比"外国工厂"低，财务费用甚至远高过"外国工厂"。答案很清楚，"中国工厂"的成本优势主要来自人工成本。

至此，我们不难理解为什么经济学家如此强调"人口红利"——"中国工厂"低成本优势的源泉。

在中国制造崛起过程中，人力成本发挥了决定性作用。

另外，大规模生产极大地降低了产品的单位成本。在上述模型中，我们考虑的是生产的总成本。如果考虑规模经济因素，产品的单位成本中的可变成本虽然难以降低，但固定成本近乎一个常数，随着产量的放大，规模经济的效果就显现出来了——制造费用、销售费用、管理费用、财务费用中的相当部分，会随着产量的增加而摊薄，这样，中国工厂的产品单位成本在规模经济的范畴内呈下降趋势。

于是，大规模制造和低人力成本导致更低的产品成本，低成本支持了低价格，低价格又让中国工厂获得了更大的市场份额，就此实现了中国制造竞争策略的一个完美循环。

联想电脑的崛起就是规模化和成本领先战略成功的例子。今天，提起联想人们就会想起柳传志，而杨元庆好像成了柳老背后的影子。其实杨元庆对于联想成为中国计算机市场的领军企业确实发挥了关键性作用。

20世纪90年代中期，中国计算机市场还是外资品牌的天下，联想虽然销售额已经超过了长城、方正、浪潮、四通，但尚属第二方阵。许多厂商都认识到个人计算机的时代即将来临，但依然没有找到出路。当时，计算机对于家庭来说还是太昂贵了。

1994年，杨元庆就任联想公司总经理。他发现其实家庭对计算机性能的要求没有商务机型高，如果把配置降低，规模搞上去，就可以大大降低成本。于是，杨元庆从家庭定位入手，对计算机从设计到定价进行了大刀阔斧的调整。新一代计算机命名为"Economic"。E系列计算机的价格只是同类产品的1/3。随后推出联想"1+1"，主打家用计算机，是中国第一个价格在万元以下的计算机。在中国的商业史上，以经济性作为卖点，联想是第一个。这种方法在降低单位成本的同时，牺牲一部分单位利润，家用计算机市场于是洞开，销量大幅增加。结果是联想计算机的销售收入和总利润都大大增加了，财务上也非常划算。1994年，联想跻身中国计算机"三甲"。1997年，联想计算机击败IBM、康柏、AST、惠普，在中国市场占有率达到10.7%，把老对手IBM远远甩在了后边。

计算机的生产经营向中国家电行业学习，成就了联想。

企业家的幸福时光

在黄金十年中，中国企业在某一个行业里取得成功的标志就是做大。2000年时，中国企业进入世界500强的只有区区9家，截至2010年，已有54家中国企业跻身世界500强。我们知道，世界500强评选的标准是收入，因此，世界500强其实是世界500大。那么，中国企业用什么方法迅速做大的呢？2010年世界500强中国上榜公司如表1-1所示。

第一章　从此岸到彼岸

表1-1　2010年世界500强中国上榜公司（企业名单）

2010年排名	2009年排名	公司名称（中英文）	营业收入（百万美元）	利润（百万美元）
7	9	中国石油化工集团公司（Sinopec）	187518	5756
8	15	国家电网公司（State Grid）	184496	-343
10	13	中国石油天然气集团公司（China National Petroleum）	165496	10272
77	99	中国移动通信集团公司（China Mobile Communications）	71749	11656
87	92	中国工商银行（Industrial & Commercial Bank of China）	69295	18832
112	109	鸿海科技集团（Hon Hai Precision Industry）	59324	2292
116	125	中国建设银行（China Construction Bank）	58361	15628
118	133	中国人寿保险（集团）公司（China Life Insurance）	57019	3125
133	252	中国铁建股份有限公司（China Railway Construction）	52044	960
137	242	中国中铁股份有限公司（China Railway Group）	50704	1008
141	155	中国农业银行（Agricultural Bank of China）	49742	9514
143	145	中国银行（Bank of China）	49682	11868
156	185	中国南方电网（China Southern Power Grid）	45735	250
182	—	东风汽车公司（Dongfeng Motor）	39402	720
187	292	中国建筑工程总公司（China State Construction Engineering）	38117	839
203	170	中国中化集团公司（Sinochem Group）	35577	659
204	263	中国电信集团公司（China Telecommunications）	35557	581
223	359	上海汽车工业（集团）总公司（Shanghai Automotive）	33629	1070
224	341	中国交通建设股份有限公司（China Communications Construction）	33465	704
242	218	来宝集团（Noble Group）	31183	556
252	318	中国海洋石油总公司（China National Offshore Oil）	30680	3634
254	415	中国中信集团公司（Citic Group）	30605	2766
258	385	中国第一汽车集团公司（China FAW Group）	30237	1382
275	428	中国南方工业集团公司（China South Industries Group）	28757	274
276	220	宝钢集团有限公司（Baosteel Group）	28591	1448
281	291	国泰人寿保险股份有限公司（Cathay Life Insurance）	28315	81
302	281	和记黄埔有限公司（Hutchison Whampoa）	26938	1828
312	335	中粮集团有限公司（COFCO）	26098	629

续表

2010年排名	2009年排名	公司名称（中英文）	营业收入（百万美元）	利润（百万美元）
313	425	中国华能集团公司（China Huaneng Group）	26019	39
314	375	河北钢铁集团（Hebei Iron & Steel Group）	25924	135
315	380	中国冶金科工集团公司（China Metallurgical Group）	25868	412
327	342	广达电脑公司（Quanta Computer）	25429	676
330	426	中国航空工业集团公司（Aviation Industry Corp. of China）	25189	767
332	331	中国五矿集团公司（China Minmetals）	24956	299
348	—	中国北方工业（集团）总公司（China North Industries Group）	24150	456
352	372	中国中钢集团公司（Sinosteel）	24014	42
356	—	神华集团（Shenhua Group）	23605	3278
368	419	中国联合网络通信集团有限公司（China United Network Communications）	23183	459
371	—	中国人民保险集团股份有限公司（People's Insurance Co. of China）	23116	150
382	411	怡和集团（Jardine Matheson）	22501	1604
383	—	平安保险（Ping An Insurance）	22374	2032
395	—	中国华润总公司（China Resources National）	21902	995
397	—	华为（Huawei Technologies）	21821	2672
412	—	中国大唐集团公司（China Datang Group）	21460	-282
415	444	江苏沙钢集团（Jiangsu Shagang Group）	21419	377
428	—	武汉钢铁（集团）公司（Wuhan Iron & Steel）	20543	174
431	—	仁宝电脑工业股份有限公司（Compal Electronics）	20448	582
434	306	台湾中油股份有限公司（CPC）	20253	1140
436	499	中国铝业公司（Aluminum Corp. of China）	19851	-622
440	494	中国交通银行（Bank of Communications）	19568	4409
452	323	台塑石化股份有限公司（Formosa Petrochemical）	19204	1187
465	436	华硕电脑公司（Asustek Computer）	18474	378
477	—	中国国电集团公司（China Guodian）	17871	32
487	—	宏碁（Acer）	17380	344

资料来源：作者根据财富网相关内容整理。

第一章 从此岸到彼岸

首先,规模复制。通过复制不断扩大规模,获得增长。一条生产线不够用了再开一条生产线,一个工厂小了再上一个工厂。在出口、投资这两大马车的牵引下,需求好像无限大,你只要敢投敢做,就不用发愁卖不出去。这样做的好处是把规模经济发挥到极致,让单位成本更低。规模越大,单位成本越低,低成本战略发挥到淋漓尽致。在黄金十年里,企业在同一个行业内通过复制实现高速增长成为一种常态。

不断规模复制是每个企业家都梦寐以求的状态。"万事开头难",开创一项事业要设计开发新品,研究经营谋略,摸索管理方法,打造运营体系,较规模复制更为艰难。而规模复制业务则简单得多,只要沿袭原来的做法,对自身进行拷贝就好了。实现同一行业内增长,就是这样的事情。

其次,多元化发展。曾几何时,企业家们发现自己好像无所不能,在某一行业取得成功之后,再进军到其他的行业,也同样能够获得成功。特别是黄金十年中新的热点不断涌现,每一个热点的出现都意味着一轮新的造富机会,机会当头,又岂能作壁上观?于是,我们看到财富榜的前列企业,往往都在房地产、金融、制造等多个领域的布局,如表1-2所示,这其实意味着生意机会也遍地都是。

表1-2 2007年胡润中国富豪榜(1~50名)

排名	财富(亿元人民币)	姓名	公司	总部	行业	年龄	出生地	2006年排名	2006年财富
1	1300	杨惠妍	碧桂园	广东	房地产	26	广东	281	12
2	770	张茵家族	玖龙纸业	香港	包装纸	50	黑龙江	1	270
3	550	许荣茂	世茂集团	上海	房地产	57	福建	4	160
4	450	黄光裕	鹏润投资	北京	家电零售,房地产	38	广东	2	200
5	420	张力	富力地产	广东	房地产	54	广东	9	108
6	400	彭小峰	江西赛维	江西	太阳能	32	江苏	/	0
6	400	荣智健	中信泰富	香港	综合	65	上海	6	145
6	400	许家印	恒大集团	广东	房地产	49	广东	10	100
9	380	张近东	苏宁电器	江苏	家电零售、房地产	44	安徽	20	65
10	360	郭广昌	复星集团	上海	综合	40	浙江	11	90

续表

排名	财富（亿元人民币）	姓名	公司	总部	行业	年龄	出生地	2006年排名	2006年财富
11	330	卢志强	泛海集团	北京	房地产、金融	56	山东	51	41
12	310	陈卓林家族	雅居乐	广东	房地产	45	广东	7	136
13	300	朱孟依	合生创展	广东	房地产	48	广东丰顺	3	165
14	290	刘永好家族	新希望	四川	金融，饲料，房地产和乳制品	56	四川	18	68
15	280	史玉柱	巨人集团	上海	在线游戏，金融	45	安徽怀远	30	55
16	270	张欣、潘石屹夫妇	SOHO中国	北京	房地产	44,42	甘肃天水	251	13
16	270	钟声坚	仁恒房地产	上海	房地产	49	广东	8	110
18	260	宗庆后家族	娃哈哈	浙江	饮料、童装	62	浙江	14	80
19	250	黄伟	新湖集团	浙江	房地产、金融	48	浙江	56	40
19	250	童锦泉	长峰房地产	上海	房地产	52	江苏	20	65
21	230	张桂平	苏宁环球	江苏	房地产	56	安徽	/	0
22	225	杨二珠	碧桂园	广东	房地产	56	广东	405	8.5
23	215	朱炳洋	恒丰永业	北京	保险	–	广东	47	42
24	205	梁稳根	三一集团	湖南	重型机械	51	湖南	137	22
25	200	陈丽华	富华国际	北京	北京房地产，紫檀博物馆	66	北京	25	60
25	200	黄俊钦	新恒基	北京	北京和沈阳房地产	41	广东	20	65
25	200	黄文仔	宏宇集团	广东	房地产、木业	54	广东番禺	123	25
25	200	施正荣	尚德太阳能	江苏	太阳能	44	江苏	5	155
29	180	陈发树	新华都	福建	零售，金矿，旅游	47	福建安溪	38	48
29	180	李彦宏	百度	北京	搜索引擎	39	山西	73	35
29	180	刘永行家族	东方希望	上海	饲料，电解铝、PVT	59	四川新津	56	40
32	170	高德康	波司登	江苏	服装	55	江苏	73	35
33	165	孔健岷家族	合景泰富	广东	房地产	39	–	/	0
34	160	李兆楠	恒德贸易	广东	保险	–	–	40	46
34	160	刘沧龙兄弟	宏达集团	四川	冶金，化工	53	四川	47	42
36	150	李金元	天狮集团	天津	保健品	49	河北	18	68
36	150	沈文荣	沙钢集团	江苏	钢铁	61	江苏张家港	82	34
36	150	熊续强	银亿集团	浙江	房地产	–	–	/	0
36	150	杨铿	蓝光集团	四川	成都房地产	45	四川	185	18
40	145	丁世忠家族	安踏	福建	体育用品	36	–	/	0
41	140	林立	立业集团	广东	保险	44	广东	/	0
41	140	苗连生	天威英利	河北	太阳能	51	–	152	20
41	140	鲜扬	恒鼎实业	四川	焦炭	33	–	/	0
44	135	朱林瑶	华宝国际	广东	香精香料	37	–	/	0

续表

排名	财富（亿元人民币）	姓名	公司	总部	行业	年龄	出生地	2006年排名	2006年财富
45	130	高彦明	河北远洋运输	河北	航运	50	山东	/	0
45	130	梁信军	复星集团	上海	综合	39	浙江台州	73	35
45	130	张祥青	荣程钢铁	天津	钢铁	38	天津	34	50
48	125	曹德旺	福耀玻璃	福建	玻璃	61	上海	56	40
48	125	张松桥	中渝实业	香港	房地产	43	—	221	15
50	120	陈义红	动向体育	北京	服装	—	—	/	0
50	120	柯希平	恒兴实业	福建	矿业	47	—	191	17
50	120	李新炎、倪银英夫妇	中国龙工	福建，上海	重型工程用车	56	福建龙岩	17	70
50	120	刘汉元、管亚梅夫妇	通威集团	四川	鱼类饲料、鱼类养殖	43	四川	82	34
50	120	马化腾	腾讯	广东	即时通信、门户网站、在线游戏	36	广东	134	23
50	120	王伟	裕昌隆工贸	北京	保险	42	海南	25	60
50	120	叶立培	仲盛集团	上海	房地产	63	上海	0	60
50	120	郑泽良、汤巧莲	武新裕福	广东	保险	—	—	34	50
50	120	周泽荣	侨鑫集团	广东	房地产	52	广东	39	47

资料来源：作者根据中国网相关内容整理。

黄金十年，企业家们都有一段幸福时光。

进退维谷

大致在2010年前后，中国经济结束了多年高速增长。刚一开始，大家还在猜测什么时候拐点来临，疲软的国际市场能够重振雄风，红火的日子能够重新再来。然而，中国经济没有出现人们所期盼的"V"形反转，而是不断地被证实"L"形走势的真正来临，较低的经济增长速度成为一种常态。进入新常态，主要表现为经济增长乏力，GDP由年增长10%以上回落至7%以下。中国的大部分企业面临着多重困境，这些困境反映在以下三个方面。

增长速度的放缓

增长速度的放缓主要反映在企业一直耕耘的本行业之中。黄金十年结束以后，全国的经济情况发生了很大的变化。产品销售价格下降，成本的上升接踵而来，企业增产不增收，结果大家不敢在行业内投资新的项目。行业市场的收窄、竞争的加剧，甚至维持原有的规模也成了一件艰难的事情。产能过剩逐步显现，于是大量库存积压，成为大多数企业身上的一座大山，压得人喘不过气来。

产能过剩是一个全球化的问题，中国产能过剩问题也很严重。根据中国国家统计局不完全的官方统计，钢铁、水泥、电解铝、平板玻璃、造船等行业的产能利用率，分别只有72%、73.7%、71.9%、73.1%和75%。也就是说，这些行业的产能过剩率至少有30%，如果考虑到大量的投资和在建项目正在进行中，那么等到未来几年这些项目完成的时候，中国的产能过剩问题将变得更加严重。

除了上述的传统行业外，在很多曾经一度非常有希望的新兴产业，也开始出现大量的产能过剩问题。汽车行业、光伏行业和风电行业，这些一度被当作能够推动中国经济发展的下一批战略性发展行业，目前都面临着产能过剩率超过50%的尴尬局面。

"走自己的路"，有时也很艰难。

生意机会减少

生意机会减少更多地表现在企业主要从事的行业之外。在经济萧条时期，多元化和跨行业发展也很难成功。记得上一次经济低谷在20世纪末。当时，相关部门出台了一系列抓大放小、主辅分离、债转股等相关政策，扶持企业渡过难关。

2016年的一天，作者到超市购物，发现一个叫恒大冰泉的矿泉水正在打折，印象当中这个品牌在饮用水中还是比较高档，正常价格大概要四五元一瓶，那天却只卖一元。因为我平常喝水、烧饭都用矿泉水，碰到这种降价当然大买特买。每天喝着恒大冰泉不觉半年过去了，却看到恒大冰泉以18亿元价格转让的消息，不由得心中一惊——恒大冰泉是赫赫有名的地产巨头恒大集团旗下的，怎么说不行就不行了呢？上网一搜，真是不得了，原来从2013年到2015年5月，恒大冰泉两年多时间亏了40亿元。再一搜，满屏都是"2015年，恒大与腾讯两巨头联姻收购了互联网社区服务商马斯葛，其中恒大持股55%""2016年3月17日，恒大成立互联网金融平台——恒大金服"一类的信息。原来，恒大近年来已在互联网、保险、大健康、文化、体育等多个行业重磅下注。

恒大集团以自己的品牌冠名矿泉水、保险、文化等公司，当然不是一个随随便便的财务投资之举。但切入这些房地产以外的领域也真的应了那句歌词——"没有人会随随便便成功"。在经济低谷期开辟第二战场，跨行业发展并非易事。

社会成本费用上升

之所以说社会成本费用上升，想要表达新常态下的这一次不是一般意义的成本费用上升，不是个别企业的成本费用上升，而是波及中国大部分企业的成本费用上升。这一点企业界的大部分朋友们都感同身受。

2012年，我国15~59岁的劳动人口数量出现了下降，比2011年减少345万人。这意味着中国已经逐渐失去了劳动力成本优势。近些年来，我们发现劳动力的成本在急剧上升，在东南沿海一带频频出现"民工荒"。许多企业有订单、有生产能力，却招不到工人。劳动者对薪酬、福利提出了更高的要求，这是导致"民工荒"的主要原因。劳动力成本上升，一方面反映了国民福祉的提高，但另一方面也使得企业利润收窄，一些企业甚至因为无法承受高企的劳动力成本而倒闭。

土地、能源的成本在这些年上升得也非常快。地价的快速上涨，一方面带动房价上涨，间接增加了劳动者提高薪酬的诉求，另一方面也造成企业的固定资产投资加大，带来生产成本的提高。

深层次原因

在上述困境面前，大多数中国企业生存和发展方面压力空前。更深层次地看，这种困境的产生不是偶然的、短期的，而存在着长期的和必然的逻辑。

产业结构调整

站在国家层面，中国产业经济正在面临一次深刻的结构调整。中国是一个人口、经济大国，不可能像某些小国那样凭借单一产业或少数几个产业就能够实现国家层面的良好发展。所谓"一招鲜、吃遍天"，不适合作为全球第二大经济体的中国。经济大国必须凭借一个比较优化和不断升级的产业组合即产业结构，才能实现经济的持续增长。

以美国为例，其产业结构实际上经历了三次比较大的转型。最初，美国因其广袤的土地，结合来源于非洲的劳动力优势，很自然地选择了种植业作为主导产业，这个时候的美国从产业结构上来讲和美洲大陆其他国家并无二致。随着资本的积累，美国的工业开始发展，直至南北战争爆发之前，工业和种植业已成旗鼓相当之势。从某种意义上讲，南北战争与其说是地域之争，倒不如说是主导产业之争。美国为了发展北方的制造业，对来自欧洲的工业品倾销课以重税，英、法等各国于是对美国农产品提高关税予以反击。这使得美国南方各州对北方控制的联邦政府离心离德，大战就此爆发。

第一章 从此岸到彼岸

南北战争以北方获胜告终,从此美国工业得到蓬勃发展,终于成为全球第一工业大国。"二战"结束后,战时庞大的市场需求也随之告终,美国面临着十分严重的产能过剩。一方面,美国政府启动了"马歇尔计划",用资本输出的方式缓解产能压力;另一方面,以计算机为代表的一批战时技术向民用方向扩散,引发了长达半个世纪的科技革命。美国借此实现了第三次产业结构调整,金融和科技为内核的现代服务业取代了工业成为新的经济引擎。

相形之下,中国改革开放以来的结构调整之路浓缩了美国200年走过的路程,改革开放进入的第一个阶段也是围绕农业发端。我们在农村推行了联产承包责任制,农村经济迅速搞活了,农业取得的发展,实现了"无农不稳"的目标。这个阶段用了不到10年的时间。

第二个阶段从20世纪80年代后期开始,改革的重点由农村转为城市。从产业结构的角度,开始更多地关注工业。围绕价格体制改革,优先发展了与居民生活息息相关的轻工业和消费品。进入90年代,也出现过"双轨制"带来的负面影响和部分区域、时间段的投资过热,但总的来说,工业增长的需求是强劲的,工业增速一直比较快。但90年代中期以后,中国出现了比较明显的经济疲软和产品相对过剩。90年代后期是改革开放以来最困难的一个时期,全国范围内发生了大面积的企业倒闭。

从21世纪初,中国产业经济发展进入了第三个阶段,其标志是中国加入WTO和住房制度改革。前者在舆论界一片惴惴不安之中,打开了全球产品市场;后者则逐渐养成了中国消费者的购房习惯,房地产与建筑行业成为中国经济的又一个"顶梁柱"。中国开启了经济发展的"黄金十年"。

1935年,新西兰经济学家费歇尔在《安全与进步的冲突》一书中首次中提出对产业的划分方法。按照通常的理解,我们一般会把各产业分为三类。

第一产业,主要包括农业、林业、牧业、渔业等。

第二产业,主要包括采矿业、制造业、电力、燃气、水的生产和供应行业、建筑业等。

第三产业,主要包括交通运输、仓储和邮政业、信息传输、计算机服务和软件业、批发和零售业、金融、房地产、住宿和餐饮业等。

如果不考虑过于严密定义,我们可以把重点发展第一产业称为农业主导,把重点发展第二产业称为工业主导,把重点发展第三产业称为服务业主导。那么,归纳一下中国产业结构演进的大致路径:农业主导→工业主导→服务业主导,如图1-1所示。

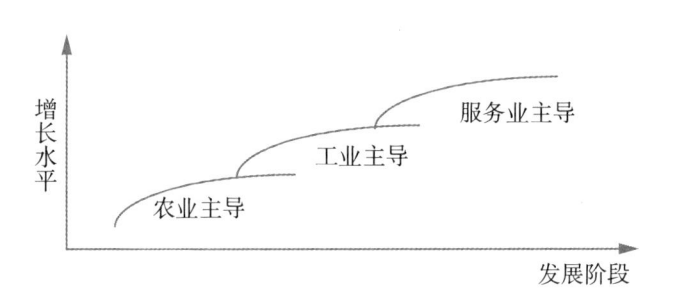

图1-1 产业结构演进路径

这里需要解释三个问题。

第一,所谓工业主导,并不是说在这一阶段农业和服务业就消失或萎缩了,只是说工业在此阶段发展更快、影响作用更大。实际上,在工业主导阶段,农业和服务业也取得了比较大的增长,只是增长幅度低于工业。

第二,在工业主导时代,房地产行业主要是贡献增量,更多地表现为建筑业和建材制造业的发展。房地产行业同时具有服务业方面的属性——如房屋租赁等作用,在工业主导时代还没有得到充分发挥。

第三,从2012年开始,我国服务业的产值已经超过了工业产值,但这并不意味着我国已经全面进入了服务业主导时代。一方面,服务业在全国发展还不平衡,北京、上海、广州、深圳等发达地区服务业已经成为主导产业,而广大中西部地区还在工业化的进程之中;另一方面,传统服务业占比过高,金融、科技等现代服务业还有待进一步提高和夯实。

毋庸置疑,工业主导时代大体上到现阶段已经到了一个尾声。由于中国的人口规模和经济体量如此庞大,未来10~20年,整个工业将面临一次大的调整。

一是量的增加转变为质的提升。中国特殊的人口结构(尤其是过去一胎制的人口政策的结果)与过去20年在生产与渠道上的快速扩张,商品普及与渠道渗透基本完成;未来20年消费的顾客数量与人均消费量几乎没有什么增量,甚至会出现下降,大单品的增长时代基本结束。这是从消费角度看人口红利消失的一个必然。因此,工业总体规模上不会再有大的扩张,而一部分企业会在产品档次、科技含量等方面实现升级。

二是区域间的迁移。相当一部分工业企业的生产能力从东南部发达地区迁移到中西部地区。这种现象产生的主要原因是中国在经济发展上具备非常大的战略纵深。近年来,珠三角地区"民工荒"颇为严重,除了人工成本上升过快的原因外,工业企业大规模向中西部转移也是一个重要原因。珠三角地区劳动力主要由中西部地区外来人口构成,产业北迁推动了"返乡务工",也很自然。

企业家应该对本轮调整有一个清醒的认识。这次调整不是简单的周期性变化,而是一次深刻的结构性变化。

周期性变化产生的主要原因是供需此消彼长。某个产业或者整个经济在一个周期内,经历了"需求旺盛—价格上涨—加大投资—供应过剩—价格下滑—供应减少—需求复苏"或者"危机、萧条、复苏、高涨"

这样的过程。结构性变化的原因则比较复杂，调整时间也更长。全球化、技术革命和需求升级都会导致产业结构、区域结构、供应链发生根本性的、不可逆转的变化。

周期性变化的应对比较简单，企业通过压缩规模，控制投资，把握好现金流，过几年紧日子，等待需求的复苏和下一个繁荣周期到来。但在结构性变化面前，企业必须做好脱胎换骨的准备，必须以自身的转型和升级来面对结构性变化。能否在新的产业结构中占据一个比较有利的位置，能否跟上产业结构调整的步伐，是每一个企业家都应该思考的问题。

企业面临成长的烦恼

由于我国产业经济的特殊发展历程，使得中国企业发展阶段呈现"整齐划一"的态势。改革开放以前，中国企业的数量很少，基本上是国有企业或者集体企业。大多数中国企业特别是民营企业成立于改革开放之后，总体来看历史比较短，诞生的年代比较接近，因而发展阶段也比较接近。

20世纪80~90年代，大批企业突然涌现出来，而我国那时没有很好的工业基础和经验，于是这些企业要想发展只能学习，向国外的企业学习，向其他地区先进企业学习。这种学习在很大程度上是对商业模式、产品设计、运营管理、销售等方面的模仿。那么到了今天，这种学习、模仿的办法还能够支持我们进一步发展吗？

实际上，我们现在已经没有办法通过简单的模仿取得持续增长了。

一方面，我们能够模仿的都是相对简单的、低端的技术，真正复杂、尖端的技术很难通过模仿得到。从被模仿者的角度看，模仿其实是一种技术输出。就像猫教老虎留一手一样，"上树"这种看家本领，发达国家和企业还是要封锁的。技术创新毕竟不是一件容易的事情，创新速度也没那么快，西方国家和企业还要尽可能地延长新技术的生命周期，用这些新技术赚取更多的利润。

另一方面，能够模仿的都已经模仿了。中国成为世界头号制造大国本身意味着我们已经覆盖了能够企及的绝大部分领域，正是在这些领域的持续模仿使得竞争不断加剧，增长越来越艰难。依托低端、简单的产品和服务，已经成为红海；高附加值产品和服务的蓝海，只能依靠创新才有机会进入。

作为工业领域的后进者，中国企业通常也把自己产品定位到一个低端市场。低端市场对产品的性能、质量要求不高，但对价格十分敏感。于是，在过去的20多年，中国企业一般会采取低价竞争进入的市场策略，一些大企业热衷于扮演"价格屠夫"的角色，用降价的方式对市场进行洗牌。

最出名的"价格屠夫"可能要算格兰仕。1991年，广东人梁庆德从生产羽绒服转型进军自己完全不熟悉但却极具生长潜力的微波炉行业。1994年底，格兰仕微波炉产销量就突破10万台，跻身行业第一。格兰仕"价格屠夫"之称也绝非虚名，每当产量上一个台阶，格兰仕就大幅下调产品价格，以此扩大市场份额。截至2000年，格兰仕微波炉已覆盖世界100多个国家和地区，坐上了"全球最大的微波炉制造商"的宝座。当时，格兰仕豪气冲天，把外国品牌清出中国的言论经常见诸报端。

在市场经济发展初期这种做法无可厚非。当时，中国消费者大多数刚刚满足温饱，对便宜的日用电子产品情有独钟。消费者对价格的敏感是"价格战"屡试不爽的根源。而在今天，"价格战"这把竞争利器仿佛变成了钝刀，单纯的低价策略已不那么管用了。中国消费者迈向了小康以后，变得更加挑剔，对品位、品牌、功能、科技这些东西开始关注，国内买不到，就跨出国门"买买买"。

近几年，中国出境游爆炸式增长，"海淘"是出境游的重要内容。2015年春节，赴日本购买马桶盖成为热门事件。据当时的报道，日本商场所贩售的马桶盖在春节期间供不应求，单价2000元人民币以上的产品几乎被国内买家扫空，根本不问价格，甚至有一家三口买了5个马桶盖。

作为世界第一制造大国，我们难道做不出来一个好的马桶盖吗？还真的是不行。

所谓"好"的产品，根据其不同的市场定位，好的标准也有很大不同。不同消费者对不同档次的商品关注点也大不相同。

对于低档货，价格是最重要的因素。只要具备产品的基本功能，价格越低越好。消费者购买此类商品是为了解决"有"和"无"的问题，是典型的"饥不择食"。20世纪80年代，大批粗制滥造的轻工产品之所以横扫全国，就是这个原因。以当时普通老百姓低水平的消费能力，能够以低价买到商品就行，品牌、品质都不重要。

对于中档货，性价比是最重要的因素。在满足基本需求后，消费者逐渐"挑剔"起来，开始关注商品的"优"与"劣"。由于兜里有了余钱，他们认同"一分钱价格、一分钱东西"，开始愿意为更好的质量、性能和品牌多付出成本。但同时，他们不断把商品的质量、性能、品牌折算成可以衡量的价格，不愿意花冤枉钱。要求商品质量性能高而价格相对低。

对于高档奢侈品，体现身份才是最重要的因素。价格、性价比因素已不重要，一定要用稀缺，甚至要高价才能表征身份。奢侈品的质量、性能虽然也很重要，但更重要的是设计独特、品牌等。

日本马桶盖最重要的成功要素是性价比，做一款品质精良而价格适中的马桶盖还真不简单。马桶盖的技术原理没有什么特别，无非是传统的抽水马桶原理加上电控，但其中存在经验性技术是真正的难点。其中，一类是设计方面的，比如用哪家的控制元件，逻辑程序怎样更方便、灵活，喷射水流的强度，喷嘴的位置等，决定了产品的性能和成本。还有一类是大量工厂实践中摸索出来的 Know – How（技术诀窍），比如质量控制的方法、组装的环境、生产的节拍等，决定了产品的质量和效率。

无论是在功能上还是在质量上，我们生产的马桶盖，已经不能满足人们日益增长的美好生活需求了。必须重新定位产品，在高性价比方面进行长期的创新和摸索。

互联网时代的到来

在向西方发达国家学习现代经营管理的道路上艰难前行的时候，中国企业又迎来了互联网时代。互联网时代来得如此迅猛，冲击如此强烈，是大多数中国企业始料不及的。

互联网对企业经营管理的影响大体上是沿着营销/销售→产品/运营→组织/管理渐次展开的。

开始时，图书、电子产品等部分标准化程度高的商品通过互联网销售，在销售渠道和交付方式上与传统零售方式形成了差异。随着网民数量的上升，广告和推广也转移到了线上。各种各样的电商不断涌现，消费者的消费习惯也在潜移默化中发生变化。当"互联网原住民"最终成为消费主体的时代来临时，互联网销售将成为大部分企业最主要销售方式。

营销/销售端的互联网化，其核心反映在口碑传播、互动交流和精准定位三个方面。在前工业化时代，口碑虽然具备信任感强的优势，但传播的范围和距离有限，因此，只适合作坊式的小企业近距离地针对少量人群推介产品。工业化时代，报纸、广播、电视的出现，广告成为传播的主流渠道。但信任感与口碑相比，互联网媒介大打折扣。互联网工具出现后，口碑像是插上了翅膀，传播距离和范围得以极大提高。同时，传统媒体广告等由于其单向传播方式，不利于内容的深度解读和反复传播，而互联网既能广泛传播，又能双向互动交流，特别是互联网传播有利于获取消费者的有效信息和行为数据，营销由此变得更加精准。伴随着在线支付的实现和快递的便利化，互联网打通了营销/销售端的全过程。

接下来，互联网开始改变企业运营。企业原有的、固定的供应链也被互联网打破，企业间协作可以在一定程度上更加碎片化、松耦合。大量原本企业内部完成的工序、流程通过互联网外包出去，转由社会协作完成，一大批平台出现，更多地通过连接、组合、跨界，形成了数不胜数的生态。当运营被解析为无数组件，又得以通过互联网灵活组合的时候，产品与服务的交付方式也越来越离不开互联网。

互联网改变企业运营还体现在大规模定制的出现。定制，优点是更加符合客户的个性化需求，缺点是只适合小批量，难以规模化。但在互联网时代，客户需求与企业运营实现了实时、紧密的衔接，长尾数据得以汇总和有效分配产能，运营可以兼顾大规模和定制化两方面优点，在更加个性化的同时实现了低成本。

互联网冲击的第三波发生组织管理层面。连接能力的增强，使得企业小微化、组织碎片化成为可能。原来军事化的指挥体系、金字塔式的组织结构被灵活的、扁平化的组织所取代。企业化身于提供服务与支持的平台，小微组织和个人承担突破与创新。组织的功能转化为向成员赋能，帮助他们更好、更快地成长。赋能水平的高低，某种程度代表了管理水平的高低。管理层级扁平化加上运营内部流程外部化、连接方式松散耦合化，对管理提出了新的要求。企业能不能更有效激励"蚂蚁雄兵"汇集众智，能不能为裂变出的阿米巴组织，能不能有效实现整体绩效？事业合伙人制度、分布式管理、赋能管理等一大批新的管理方法开始涌现出来。

至此，我们可以探讨一个有关"互联网思维"的话题。

有关互联网思维，存在两种泾渭分明的说法。一种说法认为，互联网思维不但存在，而且正在大行其道；另一种说法则针锋相对，认为互联网思维其实根本不存在。

持互联网思维存在论观点的主要集中在互联网企业，代表人物一位是百度的创始人李彦宏，互联网思维的概念也是他提出的；另一位是小米手机的创始人雷军。雷军还把互联网思想归纳为"专注、极致、口碑、快"七字要诀。

持否定论观点的人也很多，许小年教授认为，互联网不过是一种新的工具，与思维什么的搭不上边。他说，我们过去经历过蒸汽机时代，经历过电机时代，但是也没有产生什么蒸汽机思维和电机思维，企业的商业规律并没有变化。互联网思维否定论也可以认为是互联网工具论。

互联网到底仅仅是一种技术工具，还是一种企业经营新的思维范式或者新的方法论呢？

互联网首先以一种改变人们沟通方式的颠覆式技术出现。它使得原本不能连接的个体产生连接，沟通的广泛性和深度同步大幅提高，最终将取代电信、电视、报纸成为人们信息沟通的主要渠道。对企业而言，互联网使企业内外的信息传递速度产生指数级增长，企业与消费者之间的单向传播变为双向互动，企业对消费者行为的掌握既精准又全面。企业可以用互联网广泛而深度地连接客户，产生了新的营销模式；可以改变和重新整合供应商、客户之间的协作关系，可以更高效地运作企业，产生了新的运营模式；可以改变组织的层级、内部流程和控制方式，产生了新的管理模式。最重要的一点是互联网逐渐改变了传统企业的价值观，互利共享、跨界融合、"失之东隅、收之桑榆"等理念深入人心，这些互联网思维的精髓改变了简单粗暴的竞争性思维。一句话，在互联网技术的冲击下，企业的"战法"必然要发生彻底改变。一种新价值观指导下的全新的经营管理思想，正在不断冲垮传统企业赖以生存的经营模式，它必将成为转型升级的重要手段。这就是互联网思维的本质。

经过近 70 年的艰苦努力，特别是 30 多年改革开放以来的迅猛发展，中国基本完成了西方国家 300 年的工业化历程，中国企业从无到有，打造出一张印有"中国制造"的名片。我们终于来到了参与"大国崛起"这条河流的岸边。眼前，一片千帆竞发、百舸争流的景象。只有少数国家能够绕开急流险滩，到达国富民强、科技领先的彼岸。这需要中国企业通过转型，完成传统企业向创新型企业的根本转变。从此岸到彼岸，我们必须找到一条实现胜利转型的航线。

第二章　转型的方向

面对市场萎缩、销售下滑、成本上升，传统企业的转型已经迫在眉睫。与历史上传统企业谋求通过模仿和大规模复制实现企业增长的主动转型不同，这一次的转型绝大部分是被动的，是第三次工业革命逼迫下的奋力一搏，是向死而生的机遇与挑战。

转型，对任何企业而言都是一个痛苦的过程。离开已经熟悉的环境，改变旧有的习惯，对企业家和企业来说都是一个挑战、一种冒险。在前述产业结构调整、企业成长阶段跨越和互联网时代冲击三重压力下，这一轮企业的转型绝不意味着"这山望着那山高，换个行当试试水"。这一轮转型的本质是创新。

升级：从产品到企业

我们常常把转型和升级连起来讲，的确，企业实现升级，是转型创新中非常重要的内容。升级，总体来看是一个硬币的两个面，一面是从生产者或者供应商的视角看，就是产业升级，也可以落实到企业层面，即企业升级；另一面是从消费者或者需求者的视角看，就是消费升级。一方面，如果一国的消费升级不能得到本国产业有效供给，即实现产业升级和企业升级，那么，这种升级的消费就向国外"溢出"——从国外的供给中得到满足。比如，2016年中国出国留学人员总数已达到54.45万人，而来华留学生规模为44万人，中国出国留学九成属于自费，而外国留学生来华享受奖学金的比例很高。旅游市场也与此类似。

另一方面，如果本国不能实现产业升级和企业升级，国民财富的增长不能持续，那么，这种消费升级势必不能持久。这是所谓"中等收入陷阱"的主要成因之一。因此，把握消费升级的脉动，跟随或者引领产业升级、企业升级的步伐，是集团企业转型的重要方向。

透视消费升级

目前，中国人均 GDP 已经达到 8000 美元，该指标的标志性意义是明确的——国际一般认为，人均 GDP 达到 8000 美元意味着该国成为发达国家。

有关经济理论的阐述远不如经济实践来的鲜活。

媒体 2017 年的报道让我们对消费升级产生了更直观的认识："一个颇有意味的细节，象征性地显示了发生在中国的这场消费升级。2012 年中国市场售出了 440 亿包方便面，相当于每人吃了 34 包。没人预料到，2015 年方便面产业却陷入危机，全行业销售下滑 12.5%，22 家龙头企业中已有 6 家宣布退出市场。而与之形成鲜明对比的则是酸奶的热销，去年一年销量增长了 20.6%。除此之外，保健、旅游和娱乐行业去年的增长率也达到两位数。2011—2015 年，中国的影院票房收入每年增长达 35% 左右。"有谁能想得到呢？方便面销量下滑有一种最靠谱的解释——"都是外卖惹的祸"。饿了么、美团、糯米、大众点评等外卖平台异军突起，让依赖方便面的年轻人悄无声息地倒向了外卖。方便面虽然能够满足人们方便果腹的基本需求，但在满足口感、营养、健康等较高需求方面乏善可陈，因此销量大减；酸奶等产品在口感、营养、健康等方面更胜一筹，体现了国人在食品领域的消费升级。

国际咨询公司麦肯锡在《2016 年中国消费者调查报告》中做出了类似的判断："随着消费者越来越成熟、越来越挑剔，普遍性的市场增长时代逐渐走到尽头。消费形态正从购买产品向购买服务，从大众产品向高端商品转变。另外，消费者开始寻求更为均衡的生活方式——健康、家庭和体验成为主要关注。"

消费升级首先表现为购买能力提高。居民购买能力的提高，会产生两种购买行为：一是购买单价比较高的耐用消费品，如汽车、住房等。我们看到近几年汽车的普及十分迅猛，从北京、上海等一线城市扩散到二、三、四线城市，甚至蔓延到小城镇和农村。二、三线城市交通和高速公路节假日出现的堵车现象就是个直观的例子。二是购买商品档次的提高。比如，小户型房子换大户型房子，老房子开始精装修了，购买家电、汽车的性能、档次明显提高，买衣服开始买大牌子等。特别需要关注的是性价比高、时尚感和科技功能强的中高档商品，更容易得到广泛青睐。

消费升级也意味着选择范围的开阔。除了高单价的耐用消费品和中高档消费外，消费的范围也由此发生了延伸和拓展。比如，没有买车时只能在距离工作地比较近的区域居住，开上了汽车就可以住得更远一些。像美国当年由于普及了汽车人们在郊外别墅居住一样，我国一些人也开始购买别墅，享受更为宽敞、舒适的郊区生活。再比如，席卷全国的旅游浪潮，不但带来了旅游业的蓬勃发展，也使得旅游目的地的特色商品销售升温。出境游也让消费者购买行为拓展到国外，相应对国内部分商品的销售产生了挤压。

消费升级还表现为精神层面的消费崛起。时尚、自我、旅游、运动、文化等都是精神层面满足感的体现。归纳起来，精神层面的消费有三个方面内容。一是文化商品的热销。如书画、电影、戏剧、演出等。文化商品很有意思，在人们单纯追求物质生活的年代，这类商品虽然便宜也少有顾客问津，然而，一旦消费升级到了追求文化的层级，即便价格高涨也门庭若市。二是休闲旅游的兴起。近年来，在很多区域，旅游行业已经悄然成为当地的主导产业。这个现象从电视广告中可以管中窥豹。央视的黄金时段中，宣传地方人文自然环境的广告蔚然成风，什么"大美新疆""好客山东"，不一而足。一些知名景区生意火爆到不分淡旺季，小长假期间更是人满为患。三是体验型消费重要度的提升。体验是产品属性中的既有内容，但在消费升级以前，往往不被消费者和厂商重视。消费者更倾向于获得商品的实用功能，厂商也不会为商品的体验花太多的功夫。但现如今，体验已经成为消费者诉求的重要部分甚至是主要部分。以小米手机为例，如果说苹果的特点是考究，华为的特点是技术，那么，小米的特点就是体验。体验，不但包括小米对用户反馈的重视，也包括用户参与了小米的研发设计，还包括用户分享产品的使用和社交。

在产业和企业升级方面，产品、运营和商业模式的升级是其中最重要的代表。

产品更新换代

企业升级的核心是产品更新换代。当前，我国工业产品整体上偏重于中低端，市场竞争长期依赖规模扩张和打价格战，导致产品的毛利过低，企业不愿在研发、设计等方面投入。同时，随着社会财富增长，我国消费者购买力有了大幅提升，在产品档次、功能、品牌等方面产生了新的需求。这种"供给侧"大而不强的现状与消费者日益增长的购买需求产生了较大矛盾，当年，媒体热议的日本"马桶圈"爆买就是一个鲜明的例子。

广大工业企业特别是集团企业必须彻底摆脱低档廉价的产品定位和产品形象，跳出产品领域"低标准——低毛利——低投入"的恶性循环，着重于提高产品的科技含量，增强产品的性能和体验感，开发个性化、有价值主张和人文情怀的产品，进而树立产品良好品牌。具体而言，产品的更新换代要在如下几个方面着力强化。

功能。消费者购买的与其说是产品，还不如说是功能。功能是产品的主体，也反映了消费者的基本诉求。因此，要想进行产品升级就必须进行功能的升级。在消费升级的时代，在产品功能的设计和研发方面已经发生了潜移默化的变化。

一是操作智能化。受数字时代的使用习惯影响和信息技术普及，新一代消费者强调产品能够智能化操作，智能化正在影响所有商品的形态，可以说，我们已经和将要使用的所有产品都是电子产品、数字产品、智能产品。智能化产品，也是"中国智能制造2025"的重头戏，与制造过程智能化同为智能制造的重要内容。苹果iPhone之所以能够最早颠覆传统手机行业，关键就在于其敏锐地把握了消费者智能化的需求，在设计上突出了智能化的功能。

二是应用个性化。产品的功能总要配合用户的使用，落实到不同的应用场景中。新时代消费者自我意识的觉醒，表现在不愿意采取千篇一律的应用，让应用反映自身个性。还举iPhone的例子，乔布斯为了满足千千万万用户在应用层面的个性化要求，把手机的基本功能与应用分离，天才地设计了APP Store。用户无论在学习、娱乐、购物、社交等方面有什么样的个性化需求，都可以通过下载不同的APP得以满足。那么，是不是只有电子类产品才能做到应用个性化呢？当然不是。举一个服装行业的例子。现在，不少时尚品牌服装都在应用场景和佩饰上大做文章。他们提出不同的场景——如工作、休闲、运动、家居，应该穿着不同的衣服，引导消费者根据细分穿着的场景选择更多样的服装。又同时提供多种多样的佩饰，鼓励消费者通过不同的搭配，体现自身的个性。穿衣的基本功能是御寒和遮体，只有消费升级为彰显个性与美的层面，才需要这样繁复的穿着和礼仪。

三是品类复合化。产品的品类是消费者识别、应用产品过程中与厂商长期互动的一个分类结果。过去，我们把手表定义为看时间的工具，把照相机定义为拍照工具，把手机定义为通信工具。但在互联网时代，这种品类呈现出复合化的趋势，最典型的是手机。由于用手机拍照，携带非常方便，照片还可以通过手机上网分享，因此，便携式照相机这个品类已经逐渐式微，与智能手机品类复合到了一起。手表也正在与运动器械复合，产生了新的品类——由于类似的新品类还没有针对性更强的称呼，人们只好采用"可穿戴设备"这样一个定义模糊的名字。近10年来，休闲鞋、休闲装大行其道也是一个通过复合产生新品类的例子。是运动服装，还是居家服装？甚至有人上班也穿休闲装，你很难用传统品类来定义它。

品质。消费升级对产品的品质提出了更高要求。这一更高要求也反映了社会文化的追求和趋势。品质，是一种带有鲜明时代特色的东西。某一时期认为是高品质的产品，可能在另一个时期被认为品质不高。比如，20世纪80年代，人们认为手工打造的家具品质不如机械加工的板材品质高，棉布的衣服不如化纤的品质好。但在今天，这些观念已经完全颠覆了。归纳一下，品质提高有这样两个方面的趋势。

一是材料的提高。今天的消费者首先要求材料的物理品级要有较大提高。如布料的纺纱支数、棉花等级等。高品级的原材料才意味着高品质。其次是天然材料。消费者认为天然材料品质更高，也更能反映环保、安全、健康等心理诉求。最后是高新技术材料。碳纤维、纳米材料等新科技材料，能让消费者产生材料精良、性能优越、时尚的感觉。

二是做工和工艺。一方面，高科技制造技术的引入，可以极大降低产品的标准差和次品率，消费者也相应产生了"高科技产生高品质"的认知。另一方面，消费者在某些产品的制作工艺上倾向于手工操作，反映出"工匠精神""传统工艺可靠"一类的内心诉求。

品牌。品牌是传统企业产品升级的重点，也是最难着力之处。品牌的塑造核心一是定位，二是传播。其中，定位是根本，传播是手段。两

第二章 转型的方向

者相互配合，相得益彰。

定位要把握好开启客户心智、围绕细分市场第一并表现独特性、聚焦一点不及其余和持之以恒四个方面。

——开启客户心智。定位必须从客户心智出发，在客户心智占有一个位置。把原本存在于客户心智中潜在、零散、不易表达的感受挖掘出来，与产品相关联，这样才能让客户把自己的产品从千千万万个产品中识别出来，形成一个明确的认知。实践中，要切忌生产者认知导向，把自己的认知强加给客户。

——围绕细分市场第一并表现独特性。与众不同，对手才无法企及；强调第一，才能给顾客留下深刻印象，才能让顾客首先选择。如果市场第一不是你，就去细分市场，甚至去构造一个新市场，直到在那里你是第一。王老吉当初在饮料行业是一个新兵，销量远不如可口可乐。但它创造性地提出了"防上火饮料"这个细分品类，轻易坐上了第一的位置，当然也就脱颖而出。消费者迷恋第一，也只记得第一。

——聚焦一点不及其余。化繁为简是西方产品树立品牌形象的根本，聚焦是这一理念的反映。看到谷歌那个简单到不能再简单的界面，就知道谷歌在强调自己是搞搜索的。沃尔沃从不宣传自己的豪华、时尚，它知道自己在消费者心目中是最安全的汽车。你的产品可能综合能力不差，但不要强调这一点，记住，任何反映综合能力的观点就等于没有定位。什么十大功能、五大优点，大众记不住等于白搭。同时，你举的优点多了，总会有对手用自己的长项攻击你。

——持之以恒。"脑白金＝送礼"这个观念宣传了十年，老套极了，但一直深入人心。只因为形成观念是个慢活，持续强化才能修成正果。不要轻易改变定位，好不容易形成的观念不要扔掉了。

传播在互联网时代如虎添翼，互联网对商业的影响首先表现在传播和营销领域。互联网时代的传播具有以下三个特点。

——个体化。工业时代的传播只属于主流媒体,电视、无线电广播和报纸等媒体基本代表了整个工业时代的传播。但在互联网时代,搜索引擎、微博和微信仅仅能代表传播的一部分——互联网把每个企业、每个人都连接在网络上,所有互联网企业都是传播主体,所有上网的人都能够传播。自媒体的时代已经到来,企业必须关注个体力量的崛起,善于发挥个体在传播中的作用。

——互动性。工业时代的传播是单向的、广播式的,消费者只能被动接受厂商的信息,厂商也很难了解到营销和传播的效果。在互联网时代,单向传播变为双向互动,传播的内容可以动态调整,也就催生了次级传播乃至多次传播。企业要充分重视互动的作用,学会通过互动影响消费者,增加与用户的黏性。

——精准性。由于大数据技术的广泛应用,针对特定人群和特定个体的传播成为可能,这就让传播的精确性大大提高。同时,还可以准确统计传播的效果,支持传播策略的进一步调整。企业要善于应用大数据技术,实现精准营销。

运营改善升级

运营改善升级是集团企业特别是制造业集团企业升级的重要内容,表现在大幅提高运营效率和通过运营技术进步推动产品升级两个方面。

大幅提高运营效率。毋庸讳言,我国在产品价格方面的竞争优势来自低成本,而这一低成本主要是通过人为压低要素价格,特别是自然资源、环境和人力成本得以实现的。如前所述,这种低成本的优势受到人口红利和资源环境天花板的限制,已经不可能进一步挖掘了。未来,进一步维持甚至降低成本的举措只能来自劳动生产率或者运营效率的提高。

运营效率改善从根本上说是向管理和科技要效益。一方面,通过采用精益生产、大规模定制等先进管理方法,对业务流程和供应链进行再造,不断降低物料单位消耗,提高设备等资产周转率和存货周转率。

20世纪50年代,日本刚刚从战败的废墟中拔出脚来,准备全面复兴工业体系。可当时的日本与美国相比,相差不止万里。日本虽有一定的工业基础,但也是以模仿欧美为主,缺乏自己的核心技术和工艺。然而经过10余年的艰苦努力,到了70年代,日本厂商生产的汽车、电子产品已经风行美国。除了在运营技术方面的学习、消化外,在运营管理方面也取得了突破。最具代表性的是精益生产和全面质量管理。

精益生产方式是日本汽车工业遭到"资源稀缺"和"多品种、少批量"的市场制约的产物。由丰田佐吉、丰田喜一郎和大野耐一等人共同努力创造,直到20世纪60年代才逐步完善而形成的。

这一生产方式的指导思想是通过生产过程整体优化,改进技术,理顺物流,杜绝超量生产,消除无效劳动与浪费,有效利用资源,降低成本,改善质量,达到用最少的投入实现最大产出的目的。

用一句话来概括精益生产方式的基本思想,即 Just In Time(JIT),翻译成中文是"旨在需要的时候,按需要的量,生产所需的产品"。

全面质量管理概念由美国通用汽车公司的菲根堡姆博士首先提出。戴明博士将全面质量管理的理念带入了日本,日本人开始认识、接受并学习这种全新的质量管理的思想和方法。虽然当时全面质量管理的思想还没有系统化,但是它依然在很大程度上促进了日本经济的发展。到1970年,全面质量管理已经逐渐渗透到日本的所有企业。日本企业创造了新型的质量管理活动——QC 小组。随着 QC 小组的发展,其逐渐成为全面质量管理的核心要素之一,也形成了具有浓厚日本特色的"日本系统"。日本当时的一批知名企业,如松下、日立、丰田等,无不受益于此。"戴明环"管理流程如图2-1所示。

在美国和日本的企业,运营管理主要依靠工业工程的方法,形成了不断自主自发改善运营效率的闭环机制,产生了一批属于本企业的Know-How,这种立足自身不断改善的文化、机制、方法,是从模仿走向创新的必由之路。20世纪80年代以来,中国的许多先进制造企业也引入了日本企业的相关运营管理方法,但在运用的深度、广度上还有相当大的差距。

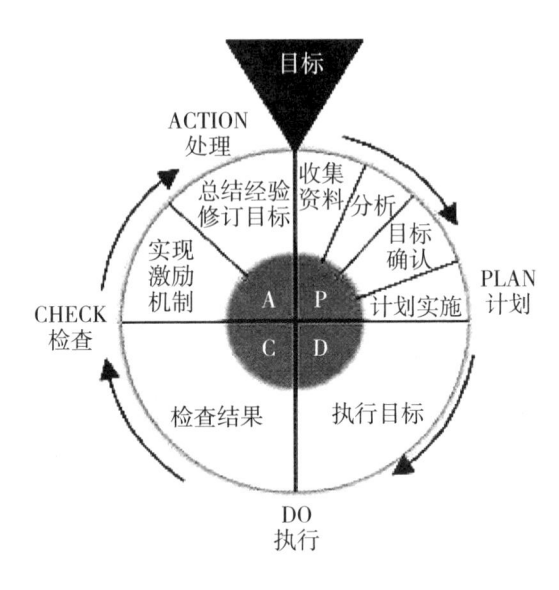

图 2-1 "戴明环"管理在制造业已经深入人心

运营效率改善的另一方面是通过引入信息化、智能制造等技术手段,在提高效率的同时节省人力,通过改善资本有机构成达到降本增效的目的。正是基于这样的考虑,全球最大的代工企业富士康才开始大规模引入机器人。富士康在台式计算机、手机、平板电脑的生产总量都是世界第一,在中国建有多个制造基地,仅在广东东莞一地,高峰时就有40万名员工。在工作效率上,一台机器人的成本只有10万元,可代替3个工人,而3个工人一年的成本在15万元以上。

富士康几年前就提出了"三年百万机器人"的计划。虽然进展不太顺利,但每年引入机器人也超过了1万台,新增自动化生产设备约

10万套。除了自身各厂区应用机器人外，富士康也开始大举制造机器人。在山西晋城的机器人制造基地，年产机器人可达2万台。

富士康在郑州的全球首个智能制造无人车间使用的协同机器人和AGV（Automated Guided Vehicle，即"自动导引运输车"，属于轮式移动机器人的一种）来自青岛的海通机器人公司，这些机器人能够实现刀具的自动配送和抓取功能，海通已有200余台协同机器人和AGV机器人被用于富士康智能工厂，如图2-2所示。

海通机器人公司由美国加州大学伯克利分校终身教授申作军在2013年创立，一直处于投入大于产出的状态。2016年，海通的营业收入仅有400多万元，但研发投入却高达千万元。但2017年伊始至2017年5月，海通不到半年的营业收入达到一千多万元，业绩迎来了"井喷"。这说明中国制造业的智能升级已然启动，而且给上游的智能开发端带来了发展机会。目前，海通除了富士康以外，还打入了中车集团南京基地供应链。

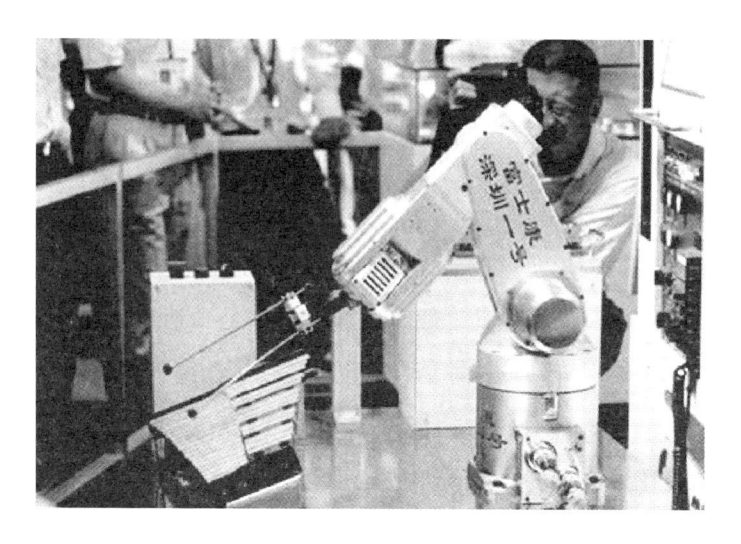

图2-2 富士康机器人

通过运营技术进步推动产品升级。以物流和供应链为代表的运营技术提升，不但可以提高运营效率，还能带来产品体验的根本改善甚至是产生全新的产品。

以牛奶为例。在20世纪90年代，由于不能有效保鲜抑菌，牛奶只能在几十千米半径内供应，也难以实现集中配送。因此，当时我国各个城市普遍建有牛奶厂，只有牛奶场附近的居民才能享用。

低温杀菌技术和包装技术进步，极大地方便了运输和存储，使得牛奶可以运输到成百上千千米之外的地方。这样，集中地牛奶生产、储运取代了原来分散的生产和储运，伊利、蒙牛等全国性的大企业才开始出现，牛奶生产的效率才大幅度提高，成本进一步下降。而我们饮用的牛奶的包装也由玻璃奶瓶不知不觉中变成了利乐枕包装——来自瑞典的技术。

1952年，瑞典人鲁宾·劳辛开发的第一个制造四角形包装盒的利乐枕机器正式投入生产，利乐枕让牛奶的保质期最长可达24个月。1979年利乐枕就已经进入中国市场，20世纪90年代在中国大规模普及。现在，利乐枕已经成为我国消费者不可或缺的饮料包装形式。从保鲜奶到鲜果汁、王老吉，不知有多少企业借助这一运营技术重新塑造了产品。

知名小吃"周黑鸭"的背后也有一个供应链技术升级的故事。过去，我们吃的卤制品和熟食一般有两种：一种是当地小吃店现场做的，口感好，但不能保鲜；另一种是真空包装，加了防腐剂的，口感差。

"周黑鸭"敏感地捕捉到了这种需求的变化，想办法改进了后台供应链。他们花了一年多的时间研究了充氮气的保鲜包装，让产品在不添加防腐剂、不用冷冻的情况下，7天内可以保持比较好的口感，不会显著丢失水分。于是，这个品牌就此风行全国。

近年来，一种咖啡胶囊开始风行全球。咖啡胶囊的理念和胶囊式咖啡机诞生于 1976 年。在 Eric Favre 的领导下雀巢公司推出了世界上第一个咖啡胶囊产品 Nespresso。Eric Favre 作为一个咖啡鉴赏家，造访了意大利无数咖啡馆，品尝了上千杯不同口味的 Espresso 咖啡。他在罗马的一家名为 Sant'Eustachio 的咖啡店发现了店长制作 Espresso 的不同方法——当其操作 Espresso 机器的时候经常因为其认为机器故障而繁复地扳动把柄，使得大量的压缩气体进入杯体内。他因此受到启发，开发出了现今人们看到的咖啡胶囊产品。1989 年 Eric Favre 离开雀巢公司，并成立了自己独立的咖啡胶囊公司 MONODOR。2000 年，他开始与 LAVAZZA 合作，推广咖啡胶囊的技术与产品。

在消费者眼里，现煮咖啡味道浓郁但操作麻烦，速溶咖啡操作方便却口味不佳。在厂商眼里，两者的差别在于速溶咖啡可以产品化但客户满意度低，而现煮咖啡客户满意度高却只能服务化（即依赖咖啡店的人工加工），不能量产。胶囊咖啡正是将两者很好地结合起来的一种突破性技术，既能实现产品化和量产，又能让客户有比较好的口感和体验。

中国的很多厂商已经发现了咖啡胶囊机的功效，九阳豆浆机等厂家也开始推出了类似产品，在国内高调宣传生产。大家知道，速溶咖啡一直是雀巢等品牌的天下，而连锁咖啡又被星巴克等占据头筹，在这两个领域想直接超越类似国际品牌难度很大。咖啡胶囊则还没有在国人心目中形成领导性品牌，不言而喻，胶囊咖啡技术的出现给中国企业提供了一次弯道超车的机会。

商业模式创新

商业模式创新是当今企业转型升级的重要抓手。商业模式的概念产生于 20 世纪 50 年代，但为什么到了 90 年代才开始兴起，并在近十年大行其道呢？原因还是商业环境的巨变。在工业时代，经过数百年的探索和演进，从宏观上看，企业的商业模式相对清晰、稳定。因此，那个时代在企业之间商业模式区别不大的情形下，更强调竞争战略，即通过何种策略安排和路径战胜对手。而互联网时代到来之后，新的商业模式层出不穷，一些企业通过商业模式创新，可以收到不战而屈人之兵的效果。

企业的商业模式千差万别，各有所长，但有两类创新升级的商业模式极好地与互联网技术相契合，应用十分广泛，在实践中发挥了重要作用，值得集团企业高度关注。

平台模式。作为互联网时代的主流商业模式，平台化是企业升级的一个重要内容。从21世纪初的门户网站，到后来的搜索引擎、平台电商、社交网站，都是比较典型的平台。

平台是典型的第三方服务形态。一个平台，起码要有为两边甚至是多边服务的能力，形成多边互动、激发网络效应、撮合交易、对接需求是平台的主要功能。以淘宝为例，消费者和淘宝店主就是典型的"两边"，消费者要买东西，淘宝店要卖东西，他们通过淘宝网站达成交易，满足了各自的需求。消费者越多，淘宝店就越多，反之亦然。淘宝由此成为买卖双方交易的平台。

百度提供的是搜索引擎服务，连接的是找信息一边、发布信息一边和发布广告一边。发布信息一边希望找信息一边能够找到，发布广告一边希望使用百度的人能够看到自己。他们在百度上发现了彼此，百度由此成为他们发现对方的平台。

腾讯让大家通过微信来彼此认识、沟通和交流，甚至可以把每一个想与朋友交流的人都作为一边，从这个意义上讲，它有无数个边。所以，我们把微信称为移动社交平台。

平台方起码有三个主要身份：一是商业规则的制定者，二是多边需求的连接者，三是网络效应的激发者。

连接多边需求前文中已作阐释，对于"商业规则的制定者"和

"网络效应的激发者"需要进行说明。

从机制层面看,平台由一系列商业规则组成。有关利益的分配、行动的次序、互动的强弱都需要平台来规定和调整。让参与各方的需求得到满足,并沉浸于平台,同时实现平台的商业价值。

网络效应是指一个网络的价值与网络中的节点数成正比。典型例子是电话,只有装电话的人多了,电话网络的价值才能充分体现。网络效应没有激发出来,用户不能实现自增长,就不是一个成功的平台。因此,如何激发网络效应,让平台用户突破临界值并实现自增长,是平台的关键成功要素。

继百度、淘宝、微信三大平台形成后,平台化正在向纵深发展。在许多细分行业,特别是B2B领域,一些平台正在崛起,其专业性、圈层性的特点得以进一步彰显。这些平台也正快速地与先进技术结合,不断满足客户更为复杂、多元和深层次的需求。

平台化,意味着要么你成为一个平台,要么你选择一个平台。选择一个对的平台是新时代成功的关键。很多迅速崛起的知名品牌来自淘宝店就是一个鲜明的例子。

平台模式并不仅限于"BAT"那样的纯互联网公司,传统企业完全可以通过一款"极致"产品,转型为互联网平台。也不一定非要像苹果和小米那样,以智能手机的面目出现。有一家名为绿山咖啡的纳斯达克上市企业,凭借单杯咖啡系统转型平台模式,成为北美市场家喻户晓的家庭饮料品牌。

1981年,绿山咖啡成立于美国避暑胜地维蒙特州,最初靠向游客兜售咖啡赚钱。2005年,绿山咖啡发展成为一家体量巨大的咖啡销售商,年咖啡销售量一万二千吨。一万二千吨是什么规模?中国2005年咖啡的总销量不过三万吨。

以这样的一个体量,资本市场却只给了它一个二亿美元的估值。逻辑很简单，首先，作为一家农产品公司，增长空间极其有限；其次，咖啡的周期性波动极为剧烈，公司的业绩不稳定。直到它发现了克里格公司，这种情况才得以改变。

克里格公司发明了一次只冲一杯咖啡的克里格咖啡机及其配套的单杯饮品 K 杯，如图 2-3 所示。

所谓 K 杯，是一个外表像纸杯的渗透装置，杯内装入咖啡、茶或其他饮料，用铝箔盖封口，以保证咖啡等饮料的香味不会散发。消费者只需将 K 杯放入咖啡机，一分钟后一杯香浓的咖啡就做好了。K 杯简化了传统咖啡机研磨咖啡豆、称量等烦琐步骤，一次一杯，现做现饮，与传统咖啡相比，口味差异并不大。

图 2-3 克里格胶囊咖啡机和 K 杯

2006 年 6 月，绿山咖啡以 1.043 亿美元收购了克里格公司的全部股份，获得其单杯咖啡机及 K 杯业务。在以后几年时间里，绿山咖啡逐渐建立和完善了平台模式，其要点如下。

第二章 转型的方向

——克里格咖啡机按成本价出售，不从咖啡机上盈利。这就使得克里格咖啡机销量迅速上升。

——由于克里格单杯咖啡机只能与公司申请专利的 K 杯搭配使用，所以，消费者一旦购买了克里格咖啡机，就会不断地买入 K 杯这一消耗品，形成了类似吉列的"剃刀架＋刀片"模式，绿山的利润正是来自不断消耗的 K 杯。

——K 杯咖啡不单面向绿山自有的咖啡品牌，其他咖啡厂商只要愿意向绿山支付 6 美分/杯的权益金，也可以使用 K 杯专利包装，在绿山的单杯咖啡机上配套使用。这一平台的包容性不仅吸引了各个咖啡品牌的涌入，茶和热可可的生产商也乐于参与其中。

依托这种开放的 K 杯生态系统，绿山不仅丰富了产品种类，迅速扩张，甚至成为行业标准的制定者。目前，K 杯已经拥有 35 个品牌，200 多种咖啡、茶和热可可，可满足消费者的不同需求。越来越多的饮料制造商加入其中，并寄望在 K 杯市场分一杯羹。

截至 2010 财年第四财季，克里格单杯咖啡机已经成为咖啡机市场的"老大"，在最畅销咖啡机前四名中独占 26.5% 的份额。越来越多的咖啡品牌加入 K 杯大本营中，2011 年邓肯甜甜圈旗下咖啡加盟 K 杯。不久后，星巴克咖啡及旗下泰舒茶也参与到这一生态系统中来，进一步巩固了克里格咖啡机及其 K 杯的市场地位。

从收购克里格品牌算起，绿山的收入在 7 年间增长了 19 倍，利润增长了 57 倍，从一家市值不足 3 亿美元的不起眼的传统公司，逐步成长为一家市值约 200 亿美元的平台公司。

共享模式。随着滴滴打车、摩拜单车等以共享经济为标签的互联网公司横空出世，一批共享办公、共享咖啡、共享卡车纷纷出世，共享模式一时热闹非常。

共享模式利用互联网把社群、生态通过利益共享凝结在一起，激发出强大的网络效应，因而成为互联网的又一种主流商业模式。集团企业在运用共享模式时，应把握好如下几点。

"有"和"用"。共享模式强调的是使用，而不是拥有。共享的是使用权，而不是物权。由此，要启发消费者重视商品的使用价值，放弃占有价值。同时，优先选择那些使用价值突出，占有价值偏低的商品运作共享模式。比如，代步出行就适合共享出租车，而商务访问则不太适合，因此，滴滴就定位为代步出行。

"长"和"短"。一件商品如果用户需要长年、长期使用，则采用购买方式更为经济；如果短期使用，则共享模式更为经济。共享模式的卖点在于分时、分租能够带来商品利用率的提高，也就更为划算。

"重"和"轻"。共享模式可以采取平台和垂直两种方式运营。垂直，就是运营方直接采购或租入商品，共享给用户使用。平台，就是运营方通过连接其他商品拥有者，对接用户需求。一般地，对于资产价值比较低的商品，适合垂直方式，以保障服务的质量。所以，单车就由商家直接购入，分时租赁给用户。对于资产价值比较高的商品，适合平台方式，以减少资金压力。所以，度假屋、汽车等就由提供者所有，平台只提供连接和管理。

"实惠"和"格调"。消费者通常认为，共享更为实惠，但说出去不太好意思，"格调"低；拥有商品的产权有炫耀感，"格调"高，可不太实惠。所以，企业应该顺势而为，善于引导客户的心态。比如，用"环保出行"来提高共享汽车、共享单车的格调。用"个性化""别致"，来提高共享度假屋和民宿的格调。

延伸：从设计到服务

在原有业务举步维艰之际，很自然要思考是否需要在原有业务的基础上做向前或向后的延伸。延伸，是转型发生时的一个十分常见的方向。延伸得当，企业从此获得了更强的竞争力，进入了更高的利润区。延伸不当，企业反而因分散财力、物力和精力，造成业绩加速下滑。

两种非创新目的的延伸

企业向前或向后延伸，总是怀有一定的目的性。

稳定性目的。传统的向前与向后延伸，主要是站在通过一体化稳定生产角度出发的。一方面，这种一体化避免了上游出现断供或者下游出现断销，导致自身生产的连续性受到干扰甚至中断，进而保证了自身运营效率保持在一定水平之上。最典型的例子就是钢铁联合企业和石化企业之类的流程制造业，他们最热衷于产业链的垂直整合。流程制造业生产的稳定，来源于原料和销售的稳定，进而产生稳定的现金流。如果流程被破坏和中断，巨额固定资产投资产生的费用和摊销会导致严重亏损。不稳定是此类企业运营的大敌。作者曾供职的原神华集团就采用了典型的纵向一体化模式。它自成立以来，致力于打造（煤）矿、（火力）电、（铁）路、（散货）港、（煤基）化工油品、航（运）一体化，使得这些重资产行业结成一个完整的链条，从运营的稳定中求得效益的不断提高。

另一方面，一体化使得成本和售价没有大的波动。与物流稳定同等重要的是价格稳定。价格的忽高忽低也会影响中游企业的效益，企业的经营预算和计划就很难实现。严重的话还会影响银行的信用和融资利率，造成经营波动的恶性循环。

可见，纵向一体化的关注点往往在资源的控制而非价值创造能力的构建。发起整合的企业意图通过控制上下游资源实现中游的稳定，支持其持续提高运营效率。

机会性目的。还有一类传统的延伸，是看到了上游或下游出现了短缺而引起的商品价格、资产价格上涨，这种情况在经济高速增长时期更容易发生。以我国为例，由于原来没有一个相对完备的工业体系，每当遇到一个产业高速成长的时候，就会相应在其上下游的产能或资源产生压力——短缺就此出现，于是常常在产业链的某一个部分出现价格的暴涨。此时，与这个部分相近的上下游企业往往最先看到行业机会，直接杀入这个行业。

其实，这种延伸与水平多元化投资并无二致，是一种机会主义的投资行为。

创新型延伸

与上述"为稳定而控制"或者多元化投资的目的不同，本书中的延伸是一种转型式延伸，其目的是通过延伸重新构建企业的核心能力，而非去控制某种稀缺资源。同时，这种延伸往往意味着对自身在产业链中原有定位的一种扬弃，从一种比较低端的定位转型到一种比较高端的定位。

我们首先用微笑曲线对业务的转型式延伸进行分析。

宏碁集团创办人施振荣先生，在1992年为了"再造宏碁"提出了有名的"微笑曲线"（Smiling Curve）理论，如图2-4所示。

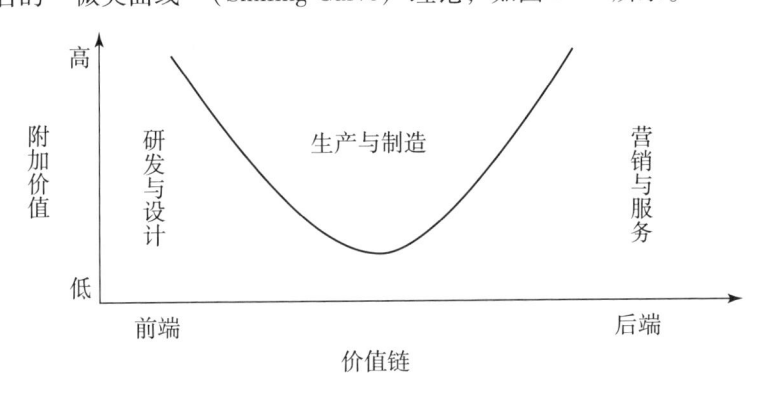

图2-4 "微笑曲线"

第二章 转型的方向

微笑曲线是一条两端朝上的曲线，中间是生产与制造；左边是研发与设计，属于全球性的竞争；右边是营销与服务，主要是当地性的竞争。在产业链中，附加值更多体现在两端，设计和销售，处于中间环节的制造附加值最低。因此产业未来应朝微笑曲线的两端发展，也就是在左边加强研发与设计，创造知识产权，在右边加强客户导向的营销与服务。

微笑曲线有两个要点，第一个是判断出附加价值在哪里，第二个是关于竞争的有利地位。在今天的产业链中，越向两端走，不但有更高的附加值，还由于掌握了设计能力和吸引客户的能力，而更有竞争优势。

面对微笑曲线，大多数工业企业实际上面临三种选择。

专注设计研发。设计研发是微笑曲线中的高利润区，要求企业具备持续的技术创新能力。转型设计研发有两种基本做法。一是产品领域。凭借自身的设计研发能力，转型为一个产品设计公司，为制造厂商定制化设计产品。二是运营领域。凭借自身掌握的专利和 Know – How（技术诀窍）转型为技术提供商。一些企业把自己在整个产品开发、制造中的经验和技术集成，形成一个专利包或者解决方案，输出给其他制造厂商，赚取专利费使用费。前文中提到的利乐枕就是这方面的典型。在其专利期内，全球每使用一个利乐枕，就会付给利乐一份使用费。

专注客户端。客户端是微笑曲线中的又一个高利润区，要求企业与客户建立直接的连接，不断贴近客户。这种连接既可以反映在营销模式和渠道方面，也可以反映在技术服务方面。在绿山咖啡的案例中，绿山咖啡实际上通过 K 杯建立了一个销售渠道，并以这个极具个性的产品树立了自己的品牌，有效地提升了产品的价值。

另一种专注客户端的方法是延伸服务。如前所述，中国经济已经进入到工业化的后期，这个阶段和工业化早期注重投资和产能扩张的模式，有着根本的不同。一方面，全社会积累了大量的工业设备、资产和技术的存量，已经具备了提供工业服务的能力。另一方面，客户的需求正在迅速向工业服务方面转变，能够洞察并且抓住这种需求的企业，可以开启一个更加长期和可持续的新业务，那就是生产服务。

生产服务模式转型，通俗地讲就是由卖产品转变为卖服务，通过卖服务与客户建立更为持久、深入的连接，同时，把获得一次性收入转变为多次收入。产品制造型企业向生产服务型企业转型是设备生产商转型的一种主流模式。

生产服务业务是和传统的产品设备制造完全不同的业务，是一种知识密集型的业务。生产服务不同于传统的售后服务。因为售后服务，只是产品的一部分，仅能满足交付产品的可用性。而生产服务是增值服务，要能在客户原有的价值链和价值创造过程之上产生新的价值。在美国，有多达60%的工业产值来源于服务，而中国今天仅仅是个位数。

惠普打印机原来运用的是典型的产品制造销售模式。由于打印机产品市场的整体萎缩，原本惠普最为赚钱的打印业务开始面临压力，2011年，惠普开始了以打印机为基础的"云转型"。一台打印机关联一个Email地址，客户只需要把照片发到Email地址上，照片就能够自动打印出来。惠普则依靠自身的管理信息系统，对分布在多个地点的打印设备进行监控，并远程自动控制设备运行，有效地降低了损耗。

惠普还开始提供打印外包服务。大企业一般会分次采购很多打印机，这些打印机分布在企业的各个角落，耗材浪费严重。而惠普采用客户按印付费的新模式，无论客户的千百台打印设备，是不是同一个品牌，都会让企业轻松节省30%的费用。惠普，正在由一个打印机厂商，变成一个打印服务提供商。

远大空调近些年也构建了销售"冷"和"热"的新模式。远大空调是中国领先的非电力空调生产商。从2004年起，远大空调就开始着手由产品供应商向服务商转型的部署。基本思路就是将合同能源管理引入到中央空调行业，利用完善的售后服务网络，将客户价值延伸到中央空调的运营领域，直接为客户提供冷和热，而不是单纯提供空调产品。

为了做到这一点，远大空调非常注重自身的研发能力和技术储备。在2004年之前，远大空调就掌握了72项专利技术，其核心产品一直全球领先。远大空调还选择国内外3000多家中央空调用户进行能源消耗调查，积累了空调运行费用的基本数据。从2005年8月开始，远大空调正式推出新的服务内容，按照这一模式，客户不再需要购买空调和支持服务，只需把供热制冷需求外包给远大，而远大则按照建筑面积和复杂程度收取费用，销售"冷"和"热"。对客户而言，再也无须关注中央空调主机的运行状况和设备维护，减少了维修人员和大量的维修成本。

专注制造环节的效率提升。在一些制造技术要求比较高的领域，留在制造环节，不断提高运营效率也是一种不错的选择。这种方法的核心是通过效率提升，把微笑曲线认为的低利润区的部分做深做透。富士康就是其中的典型。我们熟知的苹果手机等产品实际上都是富士康制造的。这种方式在本章运营效率改善中已有分析，在此不再赘述。作者认为，就"微笑曲线"而言，前两者才是企业延伸的主流模式。

跨界：重新定义行业

很多人把跨界理解成了多元化，其实两者有着本质的不同。从战略角度分析，多元化的出发点是范围经济和机会主义。

范围经济（Economies of Scope）指由厂商的范围而非规模带来的经济，也指当同时生产两种产品的费用低于分别生产每种产品所需成本的总和时所存在的状况。只要把两种或更多的产品合并在一起生产比分开来生产的成本要低，就会存在范围经济。

教科书式的定义比较拗口和令人费解，其实道理很简单。你同时做事情 A 和事情 B 时比别人单干 B 或 A 更省钱，就产生了范围经济，我们俗称 1 + 1 大于 2。比如，你本来开的是饭馆，在饭馆里又卖烟酒比单开烟酒商店成本更低，这就是一种范围经济。或者像 7 - ELEVEn，在开便利店的同时兼营早点和盒饭，也是范围经济的例子。

在商界我们还可以看到许多类似的例子。银行代卖信托产品，房地产企业开商场，超市搞餐饮等。当然，如果这种交叉销售、交叉业务只是偶尔为之，或者体量不大，尚不足以成为一个板块，成为一个新的主营业务，也就不能称之为多元化。

机会主义，是指一个企业在发展自己原有业务的同时，发现另外一个业务具有较强的增长潜力，于是，投入这一新领域发展。这种情况在黄金十年里比较多见。相当多的制造企业、商贸企业进军房地产业就是比较典型的机会主义投资。

应该指出的是，中国经济的增长比较快，行业板块的轮动比较明显，因而确实存在大量行业级投资机会。由于需求十分强劲，一开始，这种机会一般并不需要企业具有独到的核心能力，所谓"干了就挣钱"。但随着进入企业越来越多，需求增长趋于平稳，竞争开始加剧，培养出核心能力的企业逐渐获得了优势地位，而不具备核心能力的企业举步维艰，渐渐败下阵来。

那么，为什么说跨界与多元化不同呢？

作者认为，跨界成功是因为企业运用其已经掌握的技术、产品、商业模式中的本质属性，对新进入的行业进行了重新定义。这里面有两个关键词，一是"本质属性"，二是"重新定义"。

我们先来看看什么是"本质属性"，什么是"重新定义"。

还是要举苹果的例子。乔布斯重返苹果后，凭什么把一个行将被市场淘汰的过气企业，变成了全球最大市值的公司？我们能够看到的是苹果在乔布斯重掌大权后，推出了 iPod、iPad、iPhone 这几个撒手锏级的产品，然后，苹果就重新崛起了。

这意味着苹果先后进入了音乐播放器、计算机、手机三个行业。别的企业专注于其中之一尚难以成功，何况是几乎一年进入一个新行业？特别是平板电脑和手机，是两个大行业。计算机行业有 IBM、联想、宏碁，手机有诺基亚、摩托罗拉这些巨头。苹果作为后来者是如何胜出的呢？

我们首先应该问问 iPod、iPad、iPhone 究竟是什么东西。

难道 iPod 不是音乐播放器吗？iPad 不是电脑吗？iPhone 不是手机吗？

当然是。但乔布斯并不是单纯这样认为的。他比普通人想得更远、更多。

第一，人类的活动正在面临一次数字化的迁移。我们过去听到的音乐，看到的文字、图像和视频乃至通过语言的沟通，都在数字化。

第二，人类获取数字化信息的方式正在面临网络化，即通过上网和下载得到我们所需要的上述内容。我们不需要也不可能把所有信息背在身上，因而需要一个终端，解决信息的输入及处理结果的输出。

第三，人类网络化生存的方式正在移动化。需要解决移动中上网，随时随地上网的问题。

能否充分反映"数字化＋网络化＋移动化"的本质属性？现在我们清楚了，iPod、iPad、iPhone 就是用于上网的移动数字终端。

移动，就需要产品小巧。因此，苹果的产品总是比同类产品小巧一些、简约一些。

移动，就需要操作方便，就需要方便手指操作。于是就用触屏取代鼠标和键盘。

数字，就需要强大的数字处理功能，需要强大的 CPU，所以，

iPhone 就相当于一台小计算机，而不是一部电话。

终端，就需要上网快。无论操作系统、网络接口、APP，都要满足这一要求。

2001 年 10 月 23 日，乔布斯推出了史上第一台 iPod，仅巴掌大的体积却能装下 1000 首 CD 级音乐，并且整个传输过程不会超过 10 分钟，所有的操作只需一个大拇指就能完成。虽然它不是市面上第一款数字音乐播放器，但却颠覆了音乐行业，取代了当时人们习惯的随身听模式，也让苹果站在了潮流的最前沿。

在移动互联网普及后，iPhone 更加鲜明地反映了其移动数字终端的特点。上网成了比通信更重要的功能。APP 的推出，意味着手机厂商甚至要把网站管理起来了，水准不高的应用就不能在手机上架，同时还要分享 APP 的收入。这还是我们所熟悉的电话吗？

苹果，正是用移动数字终端这一本质属性重新定义了音乐播放器、计算机和手机三个行业。

如果说乔布斯的本质属性来自产品功能的话，马斯克则擅长把成本当作本质属性，他表述为第一性原理。

第一性原理（First Principle）是一个计算物理或计算化学的专业名词。很多时候第一性原理计算指的是一切基于量子力学原理的计算。我们知道，物质由分子组成，分子由原子组成，原子由原子核和电子组成。而第一性原理计算是根据物质的最根本——原子核和电子——去算出分子结构和物质的性质，由此得到物质的各种性质。

通俗地讲，第一性原理是从头计算，不需要任何参数，只需要一些基本的物理常量，就可以得到体系基态的基本性质的原理。

马斯克在创建特斯拉和 SpaceX 时都运用了第一性原理的思维方式。

作为一款电动汽车，特斯拉和其他电动汽车面临的问题一样，电池组成本太高，一般认为每千瓦时 600 美元。但是马斯克并不这么认为。

他在接受采访时说，你需要追问事情的本质，比如，电池的材料是什么？目前这些材料的市场价格是什么？电池组有碳、镍、铝、钢及一些分离的高分子，如果我们自己购买这些物质需要多少钱？其实，经过一番分析，我们发现这些材料只需要每千瓦时 80 美元。这个数字远远低于大家口中的每千瓦时 600 美元。

在开发 SapceX 时，解决思路依然如此。

他们找出制造火箭最必要的部分，计算其未加工材料的费用。结果发现 SpaceX 团队能够制造一支只需普通火箭 2% 成本的火箭。同时 SpaceX 还实现了人类第一个可实现一级火箭回收的轨道飞行器，这样可以回收火箭，重复利用，大大减少了成本。

有了这样的成本设计，开创性的产品自然被用户接受了。马斯克也成为第一个民用航天事业的开拓者，生产出第一台被市场接受的纯电动汽车。他的跨界靠的就是成本领域的本质属性。

第三章 传统转型的窘境

整体转型：曾经的成功

企业转型并不是互联网时代独有的话题。事实上，每当企业面临行业景气周期下行或是自身发展遇到瓶颈，往往一方面节衣缩食，过紧日子；另一方面，开始思考转型问题——通俗地说，就是能不能通过各种努力改变自我，另开门路摆脱困境，重新过上好日子。

其实，在历史上那些赫赫有名的大企业家中，要么是筚路蓝缕、开创基业的创业型企业家，要么就是挽狂澜于既倒的转型企业家。成为百年老店怎能要求一帆风顺？一帆风顺的企业家又怎么能让大众为之倾倒呢？

艾柯卡和克莱斯勒

早在20世纪70年代，李·艾柯卡就曾经扮演了力挽狂澜的转型英雄。当时，54岁的艾柯卡被福特一脚踢出大门后，来到美国三大汽车公司之一的克莱斯勒汽车公司出任总经理。那时的克莱斯勒产品老化、债务缠身，在日本汽车和通用、福特的强压之下，处于濒临破产的境地。

艾柯卡首先大幅消减管理层人员和支出，留用员工减薪12亿美元，其中最高管理层的各级人员减薪10%，自己只领象征性的年薪1美元。关闭了克莱斯勒公司20个工厂，3年中裁员7.4万人，35个副总裁先后辞退33个，高层部门的28名经理撤掉了24名。

生产出适销对路的产品是企业东山再起的关键。在他的多方奔走要求下，美国政府给予克莱斯勒汽车公司15亿美元的贷款保证。用这笔巨款，艾柯卡开始研发新型轿车。他根据20世纪80年代国际石油价格开始下降，国内汽油供应日趋缓和的新形势，预测市场上可容纳全家人一起乘用的较大型汽车将走俏，便果断地拍板将公司原有的"纽约人"牌中型车加大产量。同时他又开发出早已绝迹的敞篷汽车和高速省油的K型车。1982年，"道奇400"新型敞篷车先声夺人，畅销市场，多年来第一次使克莱斯勒公司走在其他公司前面。K型车面市，也一下子占了小型车市场20%以上的份额。

艾柯卡在现代企业的运营和管理上有过不少原创性的创举。这些办法中既有分期付款、售后保修等销售策略，又有一些效果显著的管理手段。例如，为了提高产品质量，艾柯卡与联合汽车工人工会协作，创造了一种共同管理质量的新方法。他们组建了一个由21名经验丰富、有学识的退休人员参加的质量检查小组，负责监督各部件供应厂家的生产质量。供应厂商不仅要接受监督，还要为质量监督人员支付薪金。这种方法的奥秘在于，供应商们相当于自己花钱雇佣警察来管理和监督自己。这种办法的效果十分明显，克莱斯勒公司生产的汽车行驶2万英里的维修费用，由1979年的358美元下降到1982年的157美元。

克莱斯勒起死回生，并在1984年赢得了24亿美元的利润，这比克莱斯勒汽车公司此前60年利润的总和还要多！

在获得成功后，美国人把艾柯卡视为民族英雄，很多美国人甚至鼓励艾柯卡参加美国总统竞选。艾柯卡带领克莱斯勒成功转型，成为他职业生涯中最光彩的一笔。

葛鲁夫和英特尔

英特尔由存储器向微处理器转型是一个惊险的跳跃。

英特尔原本是存储器技术的先锋。20世纪70年代初期，英特尔几乎占有90%的电脑存储器市场占有率。但进入80年代，日本公司大手笔的削价竞争，使英特尔的市场占有率很快跌落到20%以下。日本厂商打击英特尔的竞争策略很简单——定价永远低10%。

依赖存储器发家的英特尔，在感情上很难接受自己不如人的现实。由于DRAM（动态随机存取存储器）是英特尔发明的，公司内部将它视同"骨肉"，难以割舍。拖延了数年，公司始终无法做出战略转型的正确决定。

当时英特尔可以有几种选择：与日本公司正面交锋，通过技术升级，甚至资本、人才的收购，来维护英特尔的江湖地位；与日本公司达成某种程度上的协商，以谋取市场的共同繁荣；退出市场，寻找新的商机。葛鲁夫认为，英特尔无法和日本制造的"高性能、低价位、大规模生产"的产品相抗衡。因此，对英特尔而言，遏制失败的最佳战略，只有转移战线。

这样的决策，对于曾在存储器领域长期雄居龙头地位的英特尔来说，是不可接受的，公司陷入了没完没了的会议和争吵之中。

于是，葛鲁夫问当时的公司董事长戈登·摩尔："如果我们下了台，另选一名新总裁，你认为他会采取什么行动？"摩尔思索了一下回答说："他会放弃存储器的生意。"葛鲁夫目不转睛地望着摩尔道："你我为什么不走出这扇门，然后自己动手？"

只有偏执狂才能生存。葛鲁夫是这样说的，也是这样做的。从1985年秋天开始，英特尔全力投入微处理器的开发研制中，经历了一年推出386微处理器，一举激活市场。作为"存储器之王"的英特尔公司随风而逝，而一个崭新的、更为强大的微处理器帝国诞生了。386微处理器的面世，让英特尔当年度就实现了29亿美元的销售额，公司股票的市值增长30%。到1992年，英特尔在微处理器方面的巨大成功使它成为世界上最大的半导体公司，又超过了当年曾在存储器业务上打败过英特尔的日本公司。全世界的个人计算机用户都成为英特尔的最终用户。

多年以后，安迪·葛鲁夫将自己的管理理念和经历整理成一本书——《只有偏执狂才能生存》，在这本书中，他提出了著名的"战略转折点"的说法。"战略转折点出现时，各种因素的平衡无论在结构上、企业经营方式上还是竞争方式上都实现了新旧交替。在战略转折点出现之前，企业比较近似于过去的形态；而在战略转折点出现之后，它更趋近于未来的形态。在这个点上，曲线发生了微妙却又深刻的变化，再也不可能重回原来的状态。"

郭士纳和 IBM

百年老店 IBM 的发展史也是一部转型史。

最初，IBM 只是一家生产打孔卡制表机、钟表、秤和奶酪切片机的制造企业。在美国"二战"后的繁荣时期，IBM 在电子管计算机、小型数据处理计算机、集成电路计算机方面已经有所建树的基础上，转战大型计算机领域，推出了 System/360 大型计算机。1981 年 8 月 12 日，IBM 发布了第一台 PC，从此又进入了个人计算机领域。此后，由于公司文化和管理上的一时失误，在 20 世纪 90 年代初期 IBM 一度陷入了困境。IBM 1991 到 1993 年连续三年亏损，达到 150 亿美元，1993 年一年亏损 81 亿美元，这就是空降 CEO 郭士纳面临的形势。

郭士纳采取削减成本、调整结构、确定发展根基、外围解决企业文化、构筑领导集体、展示愿景、激发雄心等方式，逐渐稳定了 IBM 的军心。半年后，郭士纳开始引领 IBM 转型。这一转型主要是实现 IBM 由技术主导型企业向服务主导型企业转型，技术上由独立计算模式向网络化计算模式转型。

他改变了原有的生产模式，并调整了结构，不仅重振了大型机业务，拓展了服务业范围，还带领 IBM 再次向 PC 市场发动了攻击，IBM 自此重新振作起来。1994 年年底，IBM 获得了自 90 年代以来的第一次盈利 30 亿美元。1996 年 11 月 15 日，IBM 股票升到 145 美元，达到了 9 年来的最高点。

我们把上述这种转型称之为整体转型。

整体转型是企业在现有组织体系内，面向企业经营管理全局，通过调整资产、业务、人员和管理，有目的、有计划、有步骤地逐步实现转型。以往，企业特别是大企业往往采用这种方式，事先制订出明确的战略，并在实践中加以贯彻执行，最终完成转型。从这个意义上讲，整体转型曾经是企业转型的主流模式。

整体转型的关键因素

对于已经有一定规模的集团企业而言，资产庞大，业务、人员、管理比较复杂，转型牵涉面广，由此产生的风险是集团企业家不得不考虑的首要问题。

风险主要来自三个方面。

一是战略规划不充分带来的风险。战略规划的目的就在于清晰地知道前进的方向、目标和步骤。战略规划不充分，要么是转型的方向和目标选错了，发现方向不对再想掉头时已经丧失了机会，结果新业务没有起来，老业务继续加速下滑。要么是步骤和策略安排不当，不能有效排兵布阵，不能组织起有效的力量，结果不仅达不成既定目标，而且很可能使企业滑向危险的深渊。

二是执行中发生意外的风险。再周密的部署也不能预见所有变化，都有可能遭遇到新的情况和新的问题。集团企业整体转型最大的风险有可能来自执行战略的刚性有余，而应对变化的灵活性不足。

三是重大分歧带来的风险。转型是一次改革，涉及权力、业绩、投入等利益格局的调整和再分配，随着转型的深入，由此产生的分歧和冲突可能暴露得更加充分，使集团企业面临分崩离析的风险。

那么，如何解决上述问题呢？

一是要有完整的转型规划。转型规划包括三部分内容：明确的方向、清晰的目标和详尽的步骤。

——方向要判断准确。没有明确方向的转型，难免"头痛医头、脚痛医脚"，在竞争中必然处于被动挨打的局面。企业在日常经营管理中难免会犯错，这种错误一般有机会来修正，但整体转型则不然，如果方向判断错了，很可能导致满盘皆输。

——目标要清晰。仅仅知道方向是不够的，还必须知道自己转型的目标。

——步骤要详尽。步骤详尽才能知道从此岸到彼岸中间的一个个踏脚石的位置，才能够合理地安排人、财、物等各项资源，才能准备好应对挑战的种种预案。

二是要有坚强有力的一把手。无论是艾柯卡、葛鲁夫还是郭士纳，都有着钢铁般的意志和绝对的权威，才能毫不动摇地推进转型规划，达成转型目标。

三是要利益平衡与协调。转型过程中，企业的一部分领导、部门和员工的利益可能在一段时间内受损，而另一部分则可能受益，这种情况往往比较常见。但从转型的方案设计角度出发，如果是大部分人长时间利益受损，则转型很难持续。因此，利益平衡与协调的关键在于让大多数人受益。这样，组织内部的大多数人特别是领导团体就容易对转型达成共识，在行动中才能步调一致，坚定不移。如果一部分人想往东，一部分想往西，或者一方获益而另一方利益受到较大损害，转型的风险陡增,不但会造成组织的分裂,严重的甚至会在组织内部产生冲突和斗争。在利益平衡与协调基础上,统一思想才能形成合力,才能采取有效行动。

"船大难掉头"

中国企业在转型过程中,面临着中国经济增长方式转变、企业成长模式转换和互联网大潮冲击三期叠加,有些企业的转型遭遇到极大的挑战。

不确定性与规划的冲突

对于集团企业来说,转型最大的风险来自不确定性。减少不确定性的方法是规划。如果规划能够做到清晰和明确,不确定性就可能转化为确定性,企业就能够比较清楚地把握前进方向,就能够清楚地知道每一步如何达成,执行中遇到各种问题如何解决。因此,规划的意义就在于事先知道。

转型规划遇到的第一个难题来自方向和目标的判断。以往我们能够明确转型方向和目标,除了领导者有着良好的判别力之外,更重要的是有明确的对标者。

比如,克莱斯勒陷入困境的主要原因,是由于受到了日本汽车的冲击,那么,艾柯卡推动转型的对标者就是日本汽车厂商。艾柯卡的贡献不在于发现省油、低价的汽车更受消费者欢迎,而是判断出作为一个美国本土厂商能不能学习日本汽车厂商。换言之,向日本学习这个大方向是清楚的,只不过别人认为克莱斯勒由于种种原因学不了或者不愿意学日本人,而艾柯卡则认为克莱斯勒能够像日本厂商一样生产便宜和省油的汽车。

第三章 传统转型的窘境

同样，郭士纳也并不是发现了企业服务市场，这一市场中已经存在了先行者，他的贡献在于下定了向这一方向转型的决心。一般人认为，IBM是一个计算机生产厂商，它怎么能够搞服务呢？

值得一提的是，郭士纳出身于著名咨询公司麦肯锡，28岁成为麦肯锡最年轻的合伙人，33岁成为麦肯锡最年轻的总监。其后，郭士纳又出任美国运通公司执行副总裁，曾经为运通建立"美国运通信用卡"商誉。麦肯锡和运通都是著名的企业服务公司，郭士纳对企业服务有着独到的理解。在自己擅长的企业服务领域，找到一批成功的对标者对郭士纳本人并非难事，他也更容易下定IBM转型服务的决心。

可以说，艾柯卡和郭士纳都不是发现了一个前人未发现的方向和目标，而是发现了一个转型企业未涉足过的方向和目标。换言之，他们并不是一个新领域的开创者，而是带领企业成为这一领域的学习者。

葛鲁夫和同事们都发现存储器市场已经因为日本厂商的进入变成了红海，但葛鲁夫下了放弃存储器转而生产微处理器的决心。换言之，他在方向和目标方面的贡献不在于发现了目标，而在于能够割舍英特尔对存储器的感情。

然而，在这个互联网时代，我们能够模糊地知道转型的大致方向，却很难掌握转型的精确方向和具体目标。因为我们面对的是一片茫茫大海，而不是一条可以清楚眺望到彼岸的江河。如果把工业时代的传统转型比作跨越长江的话，互联网时代的企业转型就是大航海。传统转型可以比较清晰地看见对岸，甚至看得见江河中每一块踏脚石、每一处漩涡。只要坚定、勇敢、不畏风浪，就能到达彼岸。而大航海则不然，就像哥伦布、麦哲伦那样，我们相信只要不断航行就有可能发现行业的新大陆，但我们不知道新大陆会在何方出现，航行多远才能到达。因为行业内还没有人真正到达彼岸，我们没有对标者。

互联网时代的先行者们都是创业者，他们基本没有传统行业的履历，也就没有了传统行业的包袱。他们的企业没做过工业、建筑业甚至是服务业，一诞生做的就是互联网，他们天生就是航海家。发现新大陆当然最好，随波逐流也能打到小鱼小虾，小船颠覆了再上一条船重新来过。在航海实践中，互联网时代的先行者们逐渐掌握了航海的技巧，人们把他们称为带有"互联网基因"的人。"互联网基因"暗含着传统企业学不了互联网企业的意思。如果传统企业因为包袱太重不敢行动，那么，又怎能搭上互联网这艘顺风大船呢？

转型规划遇到的第二个难题是经验是否充分。

能够设计出精确步骤和策略主要凭借经验。就像军队制订一份作战计划，没有作战经验的参谋做出的计划也是纸上谈兵。而产业结构调整、企业成长模式的升级和互联网时代的冲击，都使得我们的经验过时了，老办法落伍了。

克莱斯勒不是不会做汽车，他只需要学习日本车的做法，对自己的产品进行重新定位和改进。在目标清晰的前提下，根据以往的经验做出调整并坚定地执行下去，转型成功是可以期待的。作为汽车制造的行家，艾柯卡清楚地知道问题可能出在哪里，第一步该干什么，第二步该干什么……

同样，郭士纳也清楚地知道企业服务的关键成功要素。他的转型规划中重要的一笔是收购著名的咨询公司普华永道，并将之更名为 IBM 咨询。IBM 咨询成了其企业全面解决方案的先导和龙头，后面跟随着软件开发和服务器的大部队，于是，企业客户接受这种交钥匙工程的商业模式就顺理成章了。某种意义上讲，郭士纳的转型策略其实是搭积木块一般的排列组合。

然而，今天有的中国传统企业严重缺乏类似的经验。有的一拍脑门没有深思熟虑就冲了上去，有的照猫画虎模仿几招互联网企业的皮毛，有的不惜重金请国际咨询公司设计纸上谈兵的方案。这种情况下，即便设计出详细的步骤和策略，也很难做到规避风险和胸中有数。迄今为止，受互联网冲击最大的零售、传媒等行业几乎没有真正转型成功的案例。大多数传统制造企业还没有生产出高技术含量、高性价比、高附加值的国际领先产品。相当多的企业还在"转型找死、不转型等死"的泥潭中苦苦挣扎。

所以，在转型中，有些传统企业想依靠全面、明确、有效的规划是一件不可能完成的任务。

创新与金字塔体系的冲突

前面的案例中，我们可以清楚地看到克莱斯勒、IBM和英特尔在传统转型时的关键人物是艾柯卡、郭士纳和葛鲁夫，他们都是集团的一把手。他们掌握行业发展前沿的技术和商业模式，对行业变化理解最为清晰和深入；他们阅历和经验丰富，对转型中遇到的问题能够及时有效应对；他们有足够的权威和领导力，能够驾驭企业转型的航船——他们是企业中最懂转型、最能带领企业转型的人。

在艾柯卡们的领导下，企业集团依靠板块、部门、分支等组织架构，成立不同职能的委员会、工作组，进行全面动员和责任分工，逐步迁移原有的市场销售、生产制造、采购供应业务体系，并对人力资源、财务等管理体系进行调整。因此，整体转型必须依靠一个自顶向下的执行体系，才能够有效推进。

这种"中央权威+执行体系"的做法，要么依靠企业原有的组织架构，要么新造一个组织架构，但不论是前者还是后者，一定会依靠或形成一个金字塔式结构，否则，转型战略目标就无法真正落实和落地。在企业转型期，令出必行是一个条件，也是一种体系架构。

如果说这种结构对传统转型十分有效的话，在这一轮转型就显得力不从心了。

如前所述，企业转型面临的核心要义是不确定性情况下的创新，而金字塔结构和创新之间存在着比较强的冲突。不确定性越强，创新要求就越高；创新要求越高，就要求组织架构越灵活、越有弹性。

金字塔结构的优点是坚固、可靠，缺点恰是灵活性、弹性不足。

面对不确定性局面，如果不能保持组织的弹性与灵活性，不能形成分散作战能力，成功就变得遥不可及。

艾森豪威尔曾经说过，战斗规划是重要的，但一旦第一枪打响之后，你的规划就会烟消云散。创新也是如此。

在创新中，起关键作用的是小组织和个体，他们的思维越不受束缚，越敢于大胆穿插，四处出击，越有希望闯出一条新路。

在创新中，企业的一把手应该隐身后台，通过鼓励、支持，发动小组织和个体开动脑筋，碰撞火花，探索出路。而不是自己越俎代庖，一言以决，代替基层思考，甚至代替基层创新。

从 20 世纪 80 年代中期开始，惠普公司已经成功地开发出激光打印技术，并建立了绝对的市场领先地位。而另一种将数字信号转变为纸上图像的喷墨打印技术刚刚出现，到底是激光打印还是喷墨打印将成为个人打印的主流呢？业界的专家们对此众说纷纭、各执一词。

喷墨打印的打印速度要慢于激光打印，解决方案也不如激光打印，而且打印成本更高。但喷墨打印机的体积更小，更方便携带，售价也远远低于激光打印机。

惠普公司当时既没有把所有希望都寄托在其中一项技术上，也没有试图在原体系内部来开发喷墨打印技术。它反而在远离打印本部（位于爱达荷州的博伊西）的华盛顿州的温哥华市，成立了一个完全独立的部门，来负责喷墨打印机的开发。然后，惠普公司让这两项业务形成相互竞争关系，两个业务部门都按照各自的方式运营。

喷墨打印机的解决方案和速度，尽管仍不如激光打印机，但也明显能够满足许多学生、教授和其他台式计算机的非联网用户的需求。随后，惠普公司的喷墨打印机业务，逐渐吸引了许多之前一直在使用激光打印机的用户。最终，对性能要求更高的高端市场（这一市场正是激光打印机发展的方向）的用户数量可能会逐渐萎缩。惠普公司的一项业务可能最终会挤垮另一项业务。但如果惠普公司没有针对喷墨打印机设立一个独立的机构，就为其他积极参与喷墨打印机市场竞争的企业（例如佳能）创造了机会，使他们最终能够严重地威胁惠普公司的打印机业务。

腾讯在向移动互联网转型的关键时期，做出了同样的安排。2011年，雷军的"米聊"横空出世，10万名、20万名、50万名、100万名，"米聊"如大火蔓延一般抢占QQ的用户，腾讯内部也炸开了锅，到底是用QQ去竞争，还是开发新的产品？

马化腾决定搞"双保险"。立即成立两支"特种部队"与"米聊"打生死战，A队叫Q信，B队就是张小龙负责的微信。后来，张小龙的微信胜出，成为腾讯向移动互联网转型的成功关键。

微信在2016年达到了8.89亿人月活跃客户这样一个惊人的数量，如图3-1所示。我们通过微信与好友联系，认识新朋友，交流分享知识；通过微信购买商品，接受服务，完成支付；通过微信布置工作任务，监督工作执行，鼓舞团队士气；通过微信销售产品，联系客户，推广企业文化。微信成为国人移动互联生存的主要平台，也让腾讯完美实现了转型。

```
(亿人)
10                              8.9
                        7.0    2017年1月
 6              5.0             小程序上线
         3.6          2017年4月
 4                    企业微信上线
 2      2014年9月
        企业号上线
 0                                     时间
   4Q2013  4Q2014  4Q2015  4Q2016
```

数据来源：腾讯财报。

图 3-1　微信月活跃用户数量

金字塔组织另外一个问题是对创新者的激励不足。在整体转型模式下，艾柯卡们既是转型的推动者，也是转型最大的受益者。作为企业的一把手，他们要么得到了股权、期权的重磅激励，要么得到了媒体的追捧和社会的广泛赞誉，要么成就了事业的辉煌和职业生涯的巅峰。

那么，对于来自组织中层甚至是底层的创新者呢？他们的创新成就了企业转型，但很难得到与之相适应的激励——在一个庞大的金字塔组织中，利益和光环往往很难落实到他们身上。为什么许多创业者来自大企业？为什么他们要离开熟悉的环境和强大的集团？难道仅仅是因为他们喜欢冒险？

如何让组织建立和保持高度灵活性，如何让创新者得到足够的激励，是整体转型面临的又一个难题。

双手互搏

一个企业集团发展到今天，必然存在辉煌的过去，辉煌的标志之一是其赖以生存和发展的主营业务。主营业务贡献了集团的大部分收入和利润，形成了集团现有的价值。

第三章 传统转型的窘境

集团的业务机构多为主营业务设立,承载着营销、制造、供应等各项职能。

主营业务诞生了一批能征惯战的猛将,成为集团管理结构中的骨干、高管。

集团的大部分员工为主营业务忙碌,他们多年磨炼出的技能都围绕主营业务……

克莱顿·克里斯坦森在《创新者的窘境》一书中写道:"每一种创新过程都是艰难的,但当项目实施机构内的大多数人员都在不断询问为什么要开展这个项目时,实行创新,项目的难度又将被无限扩大。只有那些能够解决重要客户的需求,能对机构的盈利和增长需求产生有利影响,而且参与其中能够提高有能力的员工的职业发展前景的项目,才能得到机构内工作人员的理解和支持。当项目不具备这些特点时,管理者就需要花费巨大的时间和精力来解释为什么该项目需要这些资源,因此他们也无法有效地管理这一项目。在这种情况下,最优秀的员工一般都不希望与这种项目发生关联。而且,当情况恶化时,被认为无关紧要的项目将首先被取消或推迟。"[①] 这简直是我们今天集团企业转型升级中的真实写照。

转型,意味着创新业务崛起甚至取代老业务,两套体系、两种业务、两拨团队之间很容易发生"双手互搏"。

双手互搏,原本是金庸小说中的桥段。说的是一个叫周伯通的高手,被困山洞之中数年,闲来无事创造出一种武功——"双手互搏"。他可以用自己的两只手分别打出两种拳法与敌对抗,甚至双手还可以相互对攻,自娱自乐。

双手互搏,在企业集团转型中就是新旧业务之间的冲突,新旧两种文化的对抗和内耗,以及从事新业务团队和旧业务团队之间的矛盾。

---

① 克莱顿·克里斯坦. 创新者的窘境 [M],胡建桥,译. 北京:中信出版社,2010:152.

业务冲突。新业务刚刚出现的时候，往往比较弱小。表现在技术还不成熟，产品或服务的质量、性能与老产品相比还比较低，市场销路还没打开。对于整个集团的收入、利润贡献较低，甚至拖累了集团整体的业绩水平。这个时候，集团高层会听到对于新业务的种种非议，在分配新旧业务投入方面上陷入一种两难的境地。同时，新业务可能与老业务在供应商资源、渠道等多方面争嘴，常常存在此消彼长的尴尬局面。

苏宁电器的电商转型就是一个鲜明的例子。线上业务开展之初，就出现了价格体系的"双手互搏"——线下价格高，而线上价格低。如果降低线下价格，则集团利润受损；而提高线上价格，与京东等对手相比则优势全无。后来，又出现了供货资源的"双手互搏"——性价比高的商品放在线上还是线下？线下体量大，也是集团安身立命的基础，削弱不得；线上代表未来，更需要扶持。这些问题交织在一起，让苏宁陷入了两难的境地。虽然设计出好多权宜之计，可都没有起到明显的作用。至今，虽然"苏宁电器"早已更名为"苏宁云商"，但恐怕很少有人把苏宁看成是电商或者O2O模式的企业。

文化冲突。创新性业务的开展需要一种创业文化，崇尚平等，强调创造，重视个体。而传统业务往往是另一种企业文化，强调服从，强调集体主义，等级森严。如果说创新组织需要一个激发创意但难免有些嘈杂混乱的环境的话，传统组织却需要一个各司其职、秩序井然的环境。

还举苏宁电器的例子。据说苏宁强调军事化管理，从苏宁董事长张近东的衣着打扮就能看出端倪——头发梳得一丝不苟，西服领带熨烫得笔管条直。苏宁的员工也总是着正装，整齐划一。反观互联网企业，则是牛仔裤、T恤衫的天下。军事化、等级化的文化习惯一旦形成，变起来恐怕也难。

作为一个从事传统业务的大企业来说，标准化的服务、标准化的流程、严格精细的管理制度，才能保证运转效率，这本来无可厚非。但让电商业务也采用这样的管理，引入这样的文化则可能南橘北枳了。舆论把苏宁这种文化称之为"缺乏互联网基因"，其实，在同一个体系里，两种文化、两种作风难以兼顾才是问题的症结所在。

团队矛盾。老业务压制新业务最严重的问题来自人。企业的发展过程同时也是人才成长的过程。传统企业从高管到中层岗位上必然提拔了大批老业务的高手，他们擅长老业务，老业务的技术、运营、管理方方面面的经验和习惯已经深入骨髓。他们对新业务可能知之甚少，或者视为另类，因此，主观上或者潜意识中，对新业务的非议在所难免。结果，决策层会经常性地听到有关新业务的负面意见，动摇决策层信心，进而降低对新业务发展的支持。

柯达的案例中团队矛盾非常明显。柯达是数码相机的发明者，可是最后却为数码相机所颠覆。原因很简单，在柯达公司内部，各级管理者要么出身于彩卷，要么出身于彩卷相机，对数码相机的理解很难到位。数码相机卖多了，就会影响彩卷和彩卷相机销售，而前几代数码相机的像素低，效果远逊于彩卷相机。这样的结果是数码相机在柯达一直被当作彩卷相机的补充，发展受到抑制。而卡西欧和佳能却没有双手互搏的问题，没有包袱一身轻，他们大胆投入、积极进取，最终让彩卷和彩卷相机退出了市场。

在战略规划不当、金字塔组织和双手互搏三重压力之下，集团企业的整体转型遇到了重大挑战，可以说鲜有成功案例。

第四章 用创业的方法转型

阅读了前一章以后,你是否觉得当今时代集团企业转型已经山穷水尽了?很多企业界朋友都表达了类似的看法:不转型等死,转型找死——对转型完全失去了信心。

其实,不必如此悲观,"在关闭一扇门的同时,也打开了一扇窗"。回到转型的本原,我们会发现转型的本质是解决一个企业发展过程中面对的挑战,"华山"并非自古一条路。

转型创业的战略模式

集团企业在转型初期遇到的挑战可以分为两类:一类是我们清楚地知道怎么面对,另一类是我们不太清楚怎么面对。前者,我们可以用自上而下的办法,做出全面、详尽的安排和部署。后者,可能要采取"摸着石头过河"的策略。

集团企业转型的战略模式分为以下三类。

第一类,整体转型。我们在第二章用了大量篇幅介绍了整体转型的路径和案例,也剖析了在当前形势下整体转型的种种弊端。

产业演进的现实情况是复杂和相互叠加的。互联网时代的到来也不是一蹴而就。一部分集团企业今天面对的是环境巨变,必须进行脱胎换骨式的变革;而另外一部分集团企业受到的冲击较小,或者整个行业工业化的改造还未完成,改进式的变革依然有效,有关整体转型的方法、路径在一部分行业、一部分企业中还会发挥作用。但随着时代的不断发展,这种作用越来越有限。

第二类,转型并购。转型并购就是通过并购的办法实现集团转型。集团企业通过收购一家从事创新型业务、业绩优异的公司,实现战略控制和财务并表。这一类转型模式在上市公司转型中屡见不鲜。一部分上市公司在收购一家业绩优良的公司的同时,将原有业绩不佳的资产和业务移出体外,完成了主业置换;另一部分上市公司则在收购新公司后,保留原有的资产和业务,实现双主业、双引擎运营。

上市公司大多采用并购方式转型主要是基于如下考虑。

——上市公司财大气粗,资信和资金实力比较强,具备通过并购实现转型的物质基础。有钱是并购转型的硬道理。

——上市公司并购的工具和手段比较灵活,可以通过换股、增发等方式完成非现金并购。并购完成后,由于被并购方股东也持有部分上市公司股票,股价的上涨也对被并购方比较有吸引力。

——上市公司市值压力比较大,市值管理的需求导致其比较倾向于用短平快的方式,如用并购的方法快速实现增长,恢复公司估值或推动股价上涨。

对于资金实力雄厚的企业,采用并购方式实现转型,不失为一条见效快的途径。一般来说,企业采取这种方式的代价比较高,管理整合的难度会大一些,要做好充分的准备。从宏观角度看,"摘桃子"的只能属于少数人,"种桃子"才是大多数人能够也应该施展的主战场。大家都想通过并购来转型,就会面临并购项目缺乏的问题。

第三类,本书的核心——转型创业。迄今为止,学界和咨询界研究和开发出各种各样的转型方法与工具,出发点都是如何让集团企业确认统一的目标、一致性的行为和步骤,这些方法和工具在以往的实践中,曾经发挥了一定的作用。但在产业面临重大结构性调整、企业成长出现台阶式跨越,特别是互联网带来的新技术革命冲击的情况下,传统经验的作用越来越受到局限。

转型创业其实就是一套集团企业迎接当前产业变革行之有效的方法论。"企业转型"本是面对有规模的、成熟的企业语境下的词汇,"创业"则是从零起步的事业,如果我们让两者碰撞出火花,"柳暗花明"的境界终将到来。

转型创业的基本定义

转型创业,简单地说就是"为了转型而创业,用创业的方法实现转型"。即集团企业根据转型的方向,投资一家或多家创业公司,由创业公司独立开展新业务,而母体依旧从事原有业务,待创业公司获得成功后,再与母体融合。

美国昆腾国际(Quantum Corporation)(以下简称昆腾公司)就曾经成功地实施了转型创业。

在20世纪80至90年代,由于计算机在小型化、个人化、便携化方面的高速发展,硬盘经历尺寸小型化的发展路径。谁率先在下一代尺寸更小的产品上发力,谁就容易在下一阶段胜出。但这当然都是"事后诸葛亮"的总结了,当时,业界还不能预测到硬盘尺寸小型化的趋势,往往在新一代更小尺寸硬盘的投资上瞻前顾后,犹豫不决。

20世纪80年代初,昆腾公司还只是小型计算机市场上一家生产8英寸硬盘的领先厂商。昆腾公司就曾经完全错失了5.25英寸硬盘的发展机会。在第一款5.25英寸硬盘上市四年后,昆腾公司才推出自己的同类产品。而此时,随着生产5.25英寸硬盘的新兴企业,开始侵蚀微型计算机市场,昆腾公司的销售额开始每况愈下。

1984年,昆腾公司的几名员工,敏锐地察觉到一个3.5英寸超薄硬盘市场正在出现,这种硬盘可插入IBM公司XT和AT级台式计算机的扩展槽内，它的潜在客户是个人计算机用户，而非作为昆腾公司主要收入来源的微型计算机原始设备制造商。这几名员工决定离开昆腾公司，创立一家新公司，来实现他们的理想。

昆腾公司的领导者并没有接受他们的辞职，反而决定成立一家新的公司——普拉斯公司，用投资的方式支持他们创业。在普拉斯公司中，昆腾公司持有该公司80%的股份，虽然处于绝对控股地位，但并没有作为一般意义的分支机构来管理。普拉斯公司是一家完全自负盈亏的机构，自主招聘管理人员，并按照独立企业的标准设置所有的职能。业务方面，它自主负责硬盘产品设计和营销，拥有自主品牌，而将生产流程外包给日本的松下寿电子工业株式会社（MKE）。

普拉斯公司取得了巨大的成功。随着昆腾自身8英寸硬盘产品在20世纪80年代中期的销售量开始下滑，普拉斯公司不断增长的硬卡销售收入，及时地填补了8英寸硬盘产品的营收缺口。到1987年，昆腾公司8英寸和5.25英寸硬盘的销售额已基本为零，于是，昆腾公司收购了普拉斯公司剩余的20%股份，实现了吸收合并，普拉斯公司的高管都被委以重任。昆腾公司以3.5英寸硬盘作为主导产品，吸引苹果公司等台式计算机制造商，成功地转型为一家3.5英寸硬盘制造商。昆腾公司后来还进一步完成了从3.5英寸硬盘过渡到2.5英寸硬盘的转型。到1994年，昆腾公司已经成为世界上硬盘销量最大的制造商。

克莱顿·克里斯坦森对用转型创业方法推动"破坏性创新"的做法有如下观点："对大企业而言，与其不断地试图说服和提醒每个人，小型破坏性技术可能会在未来某个时候发展成一项关键性技术，或者至少会发展成一项具有战略意义的技术，不如让规模足够小、足以为尚处于萌芽阶段的破坏性技术所带来的机遇而欢欣鼓舞的机构，来负责项目的实施。具体方法可以是建立一个独立的分拆机构，也可以是收购一家与破坏性市场规模相匹配的小企业。指望那些希望在大企业一展宏图的员工全力支持（包括利用他们所掌握的资源，并付出巨大的时间和精力）规模较小、市场定位不明确的破坏性项目，无异于古人手缚羽翼、挥动翅膀的飞行之梦。"①

转型创业的特点

具体来说，转型创业有三个层面的特点。

外部性。对集团而言，转型创业首先是一种对外投资行为，而不是传统转型中对内的资本开支。转型过程中新业务的开展完全在母体之外。外部性使得转型创业能够更好地获得资金和其他资源，保持了创业公司的开放性，也为创业公司拥有独立性奠定了基础。

独立性。新业务置入创业公司，创业公司拥有独立的业务和管理架构，不受母体管理制度、流程、标准的限制，母体仅仅是创业公司的投资人。独立性使得转型创业避免了"穿新鞋、走老路"，集团企业存在问题的管理习惯和文化不会被带进创业公司。

关联性。转型创业不是普通的创业，目的是为了集团转型。选择好与集团主业存在关联、代表集团转型方向的项目进行扶持才能取得事半功倍的效果，这也是转型创业与普通创业的重要区别。集团要从资源、智力等多个方面对创业公司予以扶持，帮忙、不添乱。发挥扶持作用是集团企业转型创业的重点，也是难点，更是创业公司认同集团企业的根本原因。

把握好这三个特点，就能正确理解转型创业的核心要义。

转型创业的过程

从集团企业的角度看转型创业的全过程，可以大体分为以下四个

---

① 克莱顿·克里斯坦森.创新者的窘境[M].胡建桥，译.北京：中信出版社，2010：153.

步骤。

定位。虽然集团公司不需要制订系统、全面的转型规划，但不意味着对投资的方向全无谋划、胸中无数。集团公司要对转型方向进行定位，搞清自己准备进入的领域，形成有关投资项目的基本标准，预留出专门的资金。特别是需要指定负责人员或根据需要成立常设部门，构建相关的体制机制，做到谋定而动。

投资。集团公司根据自身转型的需要，判断行业演进的基本方向，听取创业团队的商业计划，决定是否投资该创业项目。与创业团队就创业项目估值、出资比例和组织架构等一系列问题达成共识。创业项目可以来自集团企业内部，也可以来源于集团企业外部。

孵化。集团公司结合自身能力和经验，对创业公司面临的经营管理问题进行指导，帮助创业公司进一步完善业务和管理体系，营造更有利于创业公司发展的环境。根据自身资源和条件，动员一切可以动员的力量，帮助创业公司对接市场、供应商，促进创业公司业务快速增长。

融合。随着创业公司业务的不断发展，集团公司要审时度势，适时推动与创业公司融合。这一融合，从法律形式上表现为控股、收购或吸收合并。从管理角度，表现为三种融合形式：一是两个公司在业务上联合经营，共同开拓市场。这相当于是两者保持战略合作伙伴关系，是一种相对较弱的融合。二是创业公司成为集团公司的子公司，两个公司共享销售渠道、采购渠道、生产资源，财务上分灶吃饭。创业公司仍保留独立法人地位。三是双方完全合并，重新构造管理体系，实现从业务到管理的全面整合。

转型创业的分类

按照创始人不同，转型创业大致可以分为元帅创业、大将创业、小兵创业三种类型。

元帅创业。元帅创业就是企业家二次创业。许多企业家是天生的创业者，他们把原来的企业交给家族成员或职业经理人打理，自己重新转换思维，开展新业务，创办新企业。

柳传志就是这样的一个人。法律意义的联想集团指的是从事包括计算机、手机等电子产品及相关服务的业务的集团公司，这是联想起家的基础。柳传志在功成名就后，把这个集团交由杨元庆打理，自己专任其母公司联想控股的董事长。

如果联想控股只是联想集团的控股股东，而不开展其他业务的话，这种安排便没有更多的经营意义。联想控股没有停留在联想集团控股股东这一定位上，除了持有联想集团、神州数码股份外，联想控股开始进入股权投资领域。换言之，柳传志二次创业搞的是股权投资，特别是财务投资这一新业务。如果我们把联想从事的全部业务称为联想集团的话，这个"集团"拥有了远远超过电子消费品领域的更广阔的空间。很显然，投资业务对于联想或者柳传志而言，是一种元帅创业。

雷军创建小米也是一个元帅创业的案例。他从 22 岁进入金山软件公司，一直工作到 38 岁，工作了整整 16 个年头，历任北京开发部经理，珠海公司副总经理，北京金山软件公司总经理，金山软件股份公司总裁、CEO 等职务，直至公司董事长。

2011 年，雷军与其他 6 人发起成立小米科技，进军手机市场，引领了高性价比智能手机的潮流，人称"雷布斯"。

小米生产手机，但又志不在手机。它用软件的思维做硬件，用互联网思维做业务；通过手机这种智能硬件连接了千千万万的用户；通过与用户的互动与交流，建立了一个有共同价值观的社群；通过社群销售了各种各样的时尚电子产品。实际上，小米是一个"智能硬件 + 社群 + 电商"的平台。

在 2014 年的一轮融资中，小米估值曾达到 450 亿美元。照此计算，小米科技将成为位列阿里巴巴、腾讯、百度之后的中国第四大互联网公司。按雷军的预测，2017年小米的营业收入将达到1000亿元人民币。

大将创业。大将创业指的是"二代接班人"和职业经理人创业。集团企业的董事长守住原有企业，而"二代接班人"和职业经理人秉承公司战略意图，走马封疆，成为新的董事长。

职业经理人创业又可以分为两种情形。一是"派出大将"。集团企业的董事长委派跟随自己多年的心腹大将承担这一任务。二是"引进大将"。集团企业的董事长认为集团内没有从事新业务开发的合适人选，而从外部引进。这种引进往往是该人士已经开始创业，有现成的团队、技术和业务，集团企业以投资方式将之引入。

大将创业的例子比较多。许多家族企业往往选择让"二代接班人"创业，从事投资基金或者互联网等新兴业务，一则锻炼一下接班人，二则探索集团转型新路子。职业经理人充当新业务领导者的案例更是比比皆是，但其中有一种情形需要详细区分。

如果集团企业委派得力干将出任子公司董事长，这名"大将"在该企业中不持有股份或者持有股份非常低，或者集团依然对该企业行使控制权，"大将"要唯集团企业或者集团董事长马首是瞻，没有前面所说的独立性和外部性，那么，这种情况不能够称为"大将"创业。这种安排只能说是集团企业的一种管理行为，该企业依然在集团企业的管理框架之内，虽有转型属性，但没有创业属性。该企业的领导者的身份依然是职业经理人，没有转化为创业者。

海尔洗衣就是"引进大将"创业的一个成功案例。海尔集团决定做海尔洗衣的动机很简单。海尔集团利用经销商渠道已经在高校洗衣机房占领了65%的市场份额，但在此之前只是把洗衣机卖给经销商，和终端用户之间没有直接关系，海尔集团希望通过互联网手段来和终端用户建立直接联系。要知道，大学生不仅是海尔产品的潜在购买者，也是一批非常活跃的用户。

想法虽然很好，但海尔内部很难找到合适的人选来操盘这个项目。在小村资本的帮助下，海尔集团找到了沈昕宇做海尔洗衣的CEO，沈昕宇也带来了他的团队，这支团队曾有过成功的创业经历，希望能依托有资源的平台做大企业。小村资本和海尔集团联合投资了海尔洗衣。

"传统企业＋风险资本＋创业团队"的组合，让这个项目在很短的时间内就打开了局面。利用海尔集团的渠道优势和技术力量，创业团队给每一台洗衣机安装物联网模块把洗衣机互联起来，然后通过一个叫"海尔洗衣"的移动APP，让每个学生都能通过手机查到最近空闲的洗衣机，并预约好洗衣机，再通过移动支付完成支付工作。现金流从海尔洗衣的账户上流过，每完成一笔洗衣交易，海尔洗衣抽取10%的服务费用。

2017年，海尔洗衣全新推出了新产品"海狸小管家"。小管家是创客的升级版，由学生自己申请开店，海尔洗衣来提供进货渠道和发货，学生只需要自己将商品上架和配送即可。既解决了学生创业的问题，又解决了学生迫切需要零食的痛点需求。

小兵创业。小兵创业其实就是许多集团企业搞的内部创业。公司把自己转身为创业平台，鼓励骨干员工内部创业，由他们自行发现新机会，组建新团队，开辟新业务。

开大企业内部创业平台风气之先的是海尔集团。海尔集团董事局主席兼首席执行官张瑞敏认为，企业组织架构一般是"金字塔"，用户需求层层汇报，再由上而下执行高层决策，不能及时响应市场变化。互联网时代显著特征是用户个性化、市场碎片化，"金字塔"式的组织架构一定会被颠覆。因此，海尔决意"去"中间管理层，推倒企业与用户间的"隔热墙"，将企业解构成扁平化结构。海尔集团只保留三种人，创客、创业小微的负责人小微主和服务于创客的平台主。

第四章 用创业的方法转型

在从家电制造企业向创业孵化平台转型的过程中，海尔集团开始探索组建创业加速平台。这个平台包括创客学院、创客工厂、创客服务、创客金融和创客基地 5 个部分，实现创新与创业、线上与线下、孵化与投资相结合，为创业小微提供低成本、便利化和全要素的开放式综合创业服务。其中，创客学院通过创客公开课、创业训练营、创客联盟和创客模式输出等多种形式提升创客能力；创客工厂为创客提供全流程产品解决方案，包括产品设计、模具开发、3D 打印、测试验证和生产组装等服务。

在创客服务方面，海尔集团开放自身资源，提供人力、培训、财务、商务和法律咨询等通用基础服务，以及技术支持、市场渠道、供应链和物流等专业服务。创业小微可以无偿或者以很低的价格享受到海尔集团所享有的各种企业服务。

海尔创业加速平台上的创客金融是一个管理千亿元资产的"投资+孵化"平台，投资管理 1 只母基金和 7 只基金，以金融工具建立了 9 大金融创业平台，布局智能硬件、家装、物流和医疗等领域。

在海尔平台孵化的企业中，主打游戏笔记本的雷神算是佼佼者。2014 年 4 月，路凯林等人成立独立法人机构——雷神科技有限公司，由苏州海尔控股 75%，团队持股 25%，八个月后获得了来自林喜创投的 500 万元天使投资；2015 年 4 月，又获得来自紫辉创投的 1500 万元 A 轮融资，A 轮融资总额超过 2250 万元。

除了海尔集团外，韩都衣舍的"小组制"、芬尼公司的"裂变式创业"在内部创业平台方面做了有益尝试。

2014 年，韩都衣舍对外宣布，公司的使命在于"成为全球最有影响力的时尚品牌孵化平台"，使命是"成就有梦想的团队"，而战略则是要"通过自我孵化和投资并购两种方式，布局各个细分定位的品牌，将'以产品小组为核心的单品全程运营体系'复制到各个品牌，在供应链、IT系统、仓储、客服四大方面提供支持，打造一个覆盖韩风系品牌群、欧美系品牌群、东方系品牌群的基于互联网的时尚品牌孵化平台"①。

品牌孵化平台的具体举措就是"小组制"，全称是"以小组制为核心的单品全程运营体系"。这一模式把企业传统的直线职能制管理体系打散、重组，从设计师部、商品页面团队及对接生产、管理订单的部门中，各抽出1个人，3个人组成1个小组，每个小组要对一款衣服的设计、营销、销售承担责任，相应的，小组提成也会根据毛利率、资金周转率计算。

这种划小核算单元，责权利统一的方式，其目的在于激活每个小团队的战斗力，与韩都衣舍"快时尚"的产品定位十分契合。2014年，韩都衣舍内部已有267个小组，在他们的努力下，主打品牌HSTYLE女装推出2万款新品，全公司推出3万款新品，平均下来，韩都衣舍在每个工作日都会推出100多款新品，每个小组每年要贡献100多款新品，相较而言，快时尚领域的领导品牌ZARA每年推出约1.8万款新品——如果仅以速度和款式数量论，韩都衣舍的成绩单比ZARA还要出色。

韩都衣舍的这些小组的新陈代谢是自然实现的。公司每天都会给出"每日销售排名"，激励政策上向业绩优秀的小组倾斜。一些优秀小组的组员提出要独立出来单干，而做得差的小组中的组员就会跟过去，小组间形成了自由组合。为了避免"教会徒弟饿死师傅"的状况发生，防止不必要的细胞裂变，韩都衣舍又给出规定，新小组要向原小组贡献培养费，比例是奖金的10%。在这种灵活合理的机制下，韩都衣舍实现了创业组织的持续优化和裂变。

---

① 引文来自"韩都衣舍"官网。

第四章　用创业的方法转型

转型创业的优势

与整体转型相比，转型创业具有多方面的优势。

试错迭代、风险可控

首先，转型创业在发展方向和目标上遵循试错逻辑，允许多次、多个方向进行尝试。如果把整体转型比作两军正面对抗的话，转型创业相当于分散突围。在转型创业过程中，集团企业投资的创业公司如果方向判断失误，创业失败，那么就将公司直接关闭，完全可以从头再来，不会让整个集团伤筋动骨，并不意味着集团转型失败。特别是搞内部创业平台的集团企业，投资了一批创业公司，也就等于选择了多个方向，"东方不亮西方亮"，这与整体转型一旦方向出错即面临灭顶之灾有着天壤之别。

其次，转型创业在行动步骤上比较灵活。大公司是一个庞大而复杂的组织，最怕出现混乱。就像一支拥有千军万马的军队，无论朝哪个方向前进，必须事先明确行动的步骤和详细方案——在哪里上山，在哪里过河，在哪里扎营，在哪里列阵，否则，千军万马乱作一团，就失去了战斗力。创业公司就相对灵活得多。它像一支小分队，只要知道前进的大致方向，不必事先设计好前进的步骤和方案，遇到问题可以随时解决，需要调整可以临时商量。即便在业务上采取了一些并不完美的举措，也可以随时调整，这就是所谓的"船小好掉头"。

组织简单、适合创新

创新是现阶段集团转型的重中之重。与大集团相比，创业公司是一个简单的组织，创新方面有许多优势。

第一，创新更快。创业公司都是小企业，人员比较少，组织架构比较简单，本身没有叠梁架屋的复杂结构。创业团队往往是一专多能，身兼数职，决策流程短，管理制度也比较简单。小公司交流比较充分，容易形成统一意见。这些天然优势使得一个创新性的做法能够比较快地得到市场验证。创业公司有了一个好的创意和技术，可以先围绕核心功能开发出产品，尽快推向市场，然后再根据市场的反馈对产品进行逐步完善。这种产品开发的方法，来自软件开发的迭代。迭代是指把一个复杂，且开发周期很长的开发任务，分解为很多短期可完成的任务，这样的一个周期就是一次迭代的过程，同时，每一次迭代都可以生产或开发出一款可以交付的产品，这样可以快速把产品展示给那些关心研发成果的人，也可以直接给产品的利益相关者或终端用户使用。小企业的简单层级非常适合迭代，创新比较容易实现。在大企业中，有一部分创新会被复杂的程序和层级所葬送。

大公司常常顾虑自己采取的新行动可能会带来严重的不良影响，连累公司整体受损，"一招不慎影响全局"。于是，非要等到产品尽善尽美才推向市场，或者有了万无一失的构想才采取行动。殊不知费尽力气生产出完善的产品，可能得不到市场接受；或者因为反复论证、思前想后被别人抢了先手。在"快鱼吃慢鱼"的时代，快速迭代的效果要远好于"慢工出细活"。

第二，创新更聚焦。创业公司的使命就是创新，不能创新就没有生存与发展的机会，这一点是创业团队的共识。相比之下，大公司需要考虑的比较多，既要照顾各板块、各部门的分配与平衡，又要顾及复杂的人际关系，还要考虑原有业务的稳定，担心业绩下滑，往往不能聚焦到创新本身。

值得关注的是，与干大项目不同，创新天然需要自下而上来发动。不论大公司、小公司，搞创新必须动员底层力量。大公司由于体量大、层级多，动员底层是一件十分困难的事情，因而更适合自上而下搞大项目。小公司体量小、层级少，动员底层相对比较容易。

第三，创新更容易激励。创新团队一般都会在小公司中持有较大比例的股份，公司价值增长与个人利益完全挂钩。创新团队完全把控公司，驾驭感比较强。如果公司取得进展和成功，舆论和赞许会集中到创业者身上，使之拥有自我实现和成就感。

相比之下，在大企业中的职场人就很难做到这一点。克莱顿·克里斯坦森在《创新者的窘境》一书中写道："每一种创新过程都是艰难的，但当项目实施机构内的大多数人员都在不断询问为什么要开展这个项目时，实行创新，项目的难度将被无限扩大。只有那些能够解决重要客户的需求，能对机构的盈利和增长需求产生有利影响，而且参与其中能够提高有能力的员工的职业发展前景的项目，才能得到机构内工作人员的理解和支持。当项目不具备这些特点时，管理者就需要花费巨大的时间和精力来解释为什么该项目需要这些资源，因此他们也无法有效地管理这一项目。在这种情况下，最优秀的员工一般都不希望与这种项目发生关联。而且，当情况恶化时，被认为无关紧要的项目将首先被取消或推迟。"[1]

在大公司中，决策由高层做出，利益主要倾向高层，光环也聚集在领导身上，但创新的主体来自基层，这就让创新者得到的激励大打折扣。试想，基层创新者能够在整个集团拿到一个比较显著的股份吗？社会的聚光灯能够照在创新者而不是集团的高层领导身上吗？

新旧业务、分灶吃饭

由于新旧业务被分别置于不同的公司，因此，整体转型中的难

---

[1] 克莱顿·克里斯坦森. 创新者的窘境[M]. 胡建桥, 译. 北京：中信出版社，2010：153.

题——"双手互搏"就迎刃而解了。老业务继续被老人手掌控,老人手不能插手新业务的决策和执行,这样新业务就获得了独立的发展空间。集团企业的一把手也不必为新老业务的利益冲突而大费脑筋了。

从这个意义上讲,两班人马运行两种体制,开展两种业务,大家井水不犯河水,冲突和矛盾得到了最好的化解。两个公司、两种产品,本来就应该执行两种价格,"双手互搏"从此销声匿迹。

作为大企业的代表,集团企业一般比较重视当期利润的实现,这一利润规模也应该与集团企业的规模相当,否则,难以取得集团内部上上下下发自内心的支持。然而,大多数创新技术催生的市场,在最开始时的规模都很小,在这种市场上接到的第一笔订单也都是小订单,从成本结构角度,大企业很难从中盈利。而将创新的职责交由小企业,则会把这些项目视为通往增长与成功的必经之路,而不是企业主营业务之外一个可有可无的鸡肋。

保健品企业汤臣倍健就是一个运用转型创业思想实施互联网转型的典型案例。像大多数传统企业一样,汤臣倍健也存在着线上、线下业务冲突,线上产品按照线下价格销售,在线上比价效应明显的环境下,导致性价比偏低,竞争力不强,而降价又将损害其价格体系和品牌形象。汤臣倍健干脆成立一家专门运营线上业务和互联网品牌的公司——佰悦网络科技,推出"每日每加""健乐多",与汤臣倍健品牌形成了线上线下互补的格局。另外,汤臣倍健还投资了桃谷医疗,进入移动医疗领域;投资了上海臻鼎,进入健康云服务领域。

其实,汤臣倍健的国际标杆——美国强生早就这样做了。美国强生(Johnson & Johnson)成立于1886年,是世界上规模最大,产品多元化的医疗卫生保健品及消费者护理产品公司,2016年,全球营业额高达700亿美元。强生在全球60个国家和地区建立了250多家分公司,拥有约11万5千余名员工,产品销售于175个国家和地区。在该公司旗下的众多公司中，有160家独立运作的企业，这其中既有像麦克尼尔公司和杨森制药公司这样的大型企业，也有年收入不到2000万美元的小公司。强生公司的战略是通过专门投资于规模非常小的企业，来开发采用了颠覆式创新技术的产品。

转型创业的三要素模型

转型创业的优点在于自下而上、迭代试错，但这并不意味着集团企业对创业公司完全采取放任自流、无为而治的态度。集团企业需要对集团公司进行重新定位，建立符合创业要求的体制和环境，使创业公司能够健康、快速发展。转型创业的三要素模型如图4-1所示。

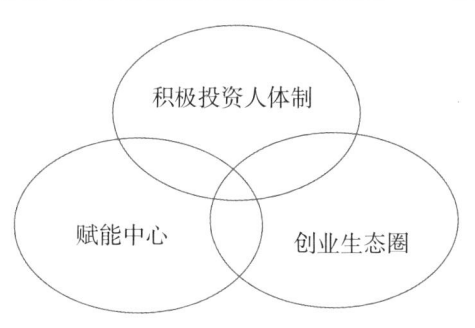

图4-1 转型创业的三要素模型

积极投资人体制

以集团公司重新定位为核心的一整套体制机制将在推动转型创业的过程中起到关键性作用。如果集团公司仍然像管理子分公司一样管理创业公司，那么，创业公司就会演变为集团企业的一个执行机构，无法承担以创新为主的转型使命。反过来，如果创业公司仅仅像得到风险投资一样得到集团公司的一笔资金，那么，也就失去了参与集团企业的意义，难以实现更快、更好地成长。

集团公司要把投资于创业公司当作"有转型战略意图、提供孵化支持的财务投资",采取市场化方法筛选项目,根据创业公司成长的成熟度动态调整与之的关系,明确自己是导师而非投资者,是后台而非前台,是治理而非管控;做到动态适时掌握创业公司经营状况,因地制宜提出建议,当机立断控制风险,全心全意投入资源。

赋能中心

集团公司通常对成员企业主要行使管理职能,虽然会有对成员企业的指导,但相对比较薄弱。随着集团企业转型创业的深入,集团公司除了原有管理中心的职能,应该增加赋能中心的职能,两个中心,形成了集团公司这枚硬币的两个面。

传统集团公司除了在指导方面薄弱外,有限的指导往往更聚焦集团体系执行方面,缺乏前瞻性和战略性;更多地着眼于知识型、通识型培训,缺乏能力型培养和解决实际问题;更多地偏重成熟企业的一般技能,缺乏针对创业公司和创业者的关键技能;更多地采用宣贯、授课等单向的方式,缺乏互动的、研讨式的复合方式。赋能中心的构建,就是要着重解决创业公司面对的前瞻性、战略性、实用性问题,提高创业者的经营管理能力、决策能力和关键行动能力。

赋能中心关注的另一个重点是创新文化和创业机制的建设。创业公司成立之初,业务导向十分明显,往往容易忽略文化和机制建设。赋能中心应该发挥这方面的作用,引导、协助创业团队把文化和机制的底子打好,让文化和机制自动自觉地发挥作用。

创业生态圈

转型创业不是集团企业的一项封闭工作,而是社会资源互动融合的开放活动。这些资源能否聚拢到创业公司和创业者周围,形成一个扶持、支持创业公司发展的良好环境是转型创业能否取得成功的要素。

生态圈构建的关键是资源的开放性。恰如"长板理论",要用社会资源中"长板",替换掉创业公司的"短板",而不是固守在"我"有多少资源,就办多少事上,这样企业才能成长得更快。

生态圈要强调利益互换。在明确"我"能得到什么资源的同时,还要知道对方能够收获什么。生态圈是一个让所有参与者都能有所收获的环境,单向索取形不成生态。

积极投资人体制、赋能中心和创业生态圈三者不是完全独立的三个部分,而是相互之间有所结合,相互促进。

积极投资人体制不是一个单纯的治理体制,赋能本身是积极投资人的重要职能,也是生态圈不可分割的组成部分。要求集团公司特别是一把手彰显转型投资家的综合能力,为创业公司和创业者赋能。要求集团公司特别是一把手积极参与生态圈建设,在其中发挥关键性作用。

赋能中心不是集团公司的一个部门,而是集团公司核心功能的一个"面"。需要调动全集团的各方面力量尤其是集团领导层的力量,才能充分塑造转型创业文化,在能力层面支持创业公司发展。赋能中心也是生态圈的灵魂,与其他物资资源一道形成知识资源、智力资源和软实力资源,为创业公司所用。

创业生态圈不是集团的外部组织,更不是行业协会,而是集团企业内外资源汇合的虚拟组织。它的开放性首先体现在集团公司和集团企业资源的开放,汇聚资源首先汇聚集团企业内部资源特别是软实力资源。

综上,积极投资人体制、赋能中心和创业生态圈三位一体,相互融合,相互促进,才能形成集团企业有效的转型创业格局。

"双创"的主战场

当前,"大众创业、万众创新"正在全国范围如火如荼地开展,创业公司、孵化器、创业咖啡雨后春笋般地出现在国内的各个城市，创业一时成了年轻人富有理想情怀的标签。人们一方面对大众创业推动中国经济继续增长怀有很高期待，另一方面又对大众创业能否获得广泛成功心存忧虑。

由于人们一般把创业场景设定为初次创业，而媒体和社会关注的创业者，首先是大学生。那么，产生上述忧虑就不足为奇了。初次创业的大学生们敢想敢做，但同时也存在很多直接影响创业成败的弱点。

一是企业经营管理经验的缺乏。创业，毕竟是经营一个企业。一个完全没有管理企业经验，甚至连职场经验都没有的人出来创办企业，不但在产品设计、营销、采购等方面缺乏业务经验，更缺乏分工、激励、协调等组织管理经验。一个没有当过将军甚至没有当过士兵的人就直接指挥打仗带队伍，应该说难度还是相当高的。

二是人际网络的缺乏。创业，不但要组织好企业内部的事情，还要和企业外部打好交道。对于小企业而言，有没有客户圈子、供应商圈子、服务商圈子、同行信息圈子，至关重要。而大学生们涉世不深，社会交往有限，在最需要圈子的时候没有圈子，很难创业成功。

三是自有资金的缺乏。创业，是做生意，做生意就要有本钱。尽管当今社会上天使投资、风险投资热潮涌动，但创业者有一定的种子资金还是非常必要的。一方面，自有资金可以让创业者在创业初期更多地去关注业务而不是把精力大部分放在融资上，毕竟业务才是公司安身立命的根本。另一方面，完全靠融资也使得创业企业过分看资本的脸色，为了融资而办企业，企业缺乏应有的战略定力。作者在从事创业投资时，看过太多的千篇一律讨好资本的商业计划，大家都把宝押在谁先拿到融资上，反而对企业的使命、业务上的努力和自身管理关注不够。更多地想了资本市场，更少地想了产品市场，这样的企业注定是昙花一现，甚至未开花就凋零了。

第四章 用创业的方法转型

转型的优势

——创业者有丰富的经营管理经验。无论是元帅创业、大将创业还是小兵创业,这三类人都有着丰富的企业运作经验,都有比较强的操作能力,是真正的成手而非生手。

——转型创业拥有更为广阔的商业网络。一方面,创业者自身打拼多年,有自己丰富的客户、供应商、服务商、同行人脉。另一方面,母体企业强大的业务网络可以直接为我所用,这是一般创业者无法比拟的。母体企业与转型创业企业之间或早或晚存在业务关联,可以在供应链、客户和商业网络方面直接助力创业企业,使得其孵化期和加速期更为短暂,更容易抢占先机。另外,这种强大网络关系一旦升级,易于成为更具互联网思维的企业生态和平台。

2013年,传统洗衣企业荣昌成立了"e袋洗"公司,向移动互联网转型。开始,"e袋洗"负责接单,推出每袋99元的"e袋洗",而供应链等后台业务借助荣昌自营店完成服务。这种高质量的供应链使得"e袋洗"迅速获得口碑,由垂直模式转为平台模式。目前,平台上已有10000家洗衣店加盟,成为洗衣联盟的入口。很明显,没有荣昌强大的商业网络支持,一个纯粹的互联网洗衣店很难取得这样的进展。

——转型创业背后有母体强大的资金、技术和人才支持,这种支持更为持续、给力,创业者没有后顾之忧。转型创业企业虽有外部融资,但不必受外部力量干扰。母体一些关键的知识产权、专有技术可以拿来就用。当某一阶段需要业内专门人才支持时,母体企业可以直接提供可靠而经验丰富的专家,这种优势难能可贵。

——从投资角度看,转型创业更为闭环。由于创业企业的目的在于支持母体转型,因而投资退出更多地采用并购方式,且须提前予以安排,这样使得投资更为闭环,极大降低了投资退出的不确定性。因此,外部机构投资转型创业项目的成功更有保证。

如果从整个中国经济转型的视角，更宏观地审视转型创业，不难做出这样的预判：中国未来无疑会有大批首次创业企业，但更多的是浴火重生的转型创业企业。

第五章　构建积极投资人体制之一：集团公司的新定位

在本书的第三、四章，我们已经阐明了转型创业的定义、意义和方向，从本章开始，我们正式介绍开展转型创业的方法。

转型创业与一般意义的创业有所不同，它涉及两个主体，一是集团企业中居于领导位置的集团公司，二是创业企业。这种"双主体"的局面要求我们首先要理顺两者的关系，使双方的目标和行为达成一致，而理顺关系的核心就是要对集团公司在整个转型创业中的角色和身份进行重新定位。

集团公司的传统定位

在本章我们暂不展开关于集团管理体制孰优孰劣的讨论，只是将中国集团企业管理体制的现状加以描述，便于读者对比理解转型创业需要一种什么样的集团管理体制。

在一个集团企业中，总是存在一个公司居于整个集团的核心和领导地位，我们把它称为集团公司。而集团中另外一些企业，服从集团公司的领导和指挥，居于从属地位，称为成员企业。企业集团由集团公司和成员企业共同构成。

研究集团企业，必然涉及集团公司和成员企业各自居于什么样的地位，两者之间靠什么样的纽带联结这样两个问题。

先看纽带。纽带可以分为三类。

一是资本纽带或者股权纽带。企业集团是以一个或多个实力强大、具有投资中心功能的大型企业为核心，以若干个在资产、资本、技术上有密切联系的企业、单位为外围层，通过产权安排、人事控制、商务协作等纽带所形成的一个稳定的多层次经济组织。在20世纪80年代末90年代初，中国刚刚出现的企业集团很多是由一群国有企业组合而成，而新产生的集团总部又往往是由政府部门翻牌而来，内部缺乏协同，舆论称之为"集而不团"。随着《公司法》的出台，国内关于集团企业管理模式的探讨就逐渐集中到母子公司体制，强调在集团公司和成员企业之间建立股权纽带，克服"集而不团"的问题。

特别是由于一些企业诚信不强，为避免在合资合作中受到利益侵害和决策效率下降，拥有控制权成为一些大企业的主要诉求。集团公司往往是成员企业的大股东或者控股股东，一些成员企业甚至是集团公司的全资子公司。强调控制权和控股权是中国集团企业的普遍诉求。

二是业务纽带。一部分集团公司可能与成员企业之间存在生意往来，要么双方是供货商关系，要么是外包商关系，还有的是联合经营关系。这些业务纽带有些是从发挥各自的专业化优势出发做出的安排，也有的是出于用业务（销售权、采购权或专有技术授权等）达到控制成员企业的考虑。

业务纽带的实质是集团内部的合作。由于有一个集团公司居于中心调度，合作介于外部市场化合作和内部行政性合作的一种中间状态，人们也常常称之为"关联交易"。关联交易并不是洪水猛兽，由于合作双方居于一个集团，所以这种合作存在着一种长期的契约关系，大大地提高了合作效率。但这种业务关系如果完全脱离了市场化的基础，就扭曲成了行政化的关系。以内部合作为名，集团内部企业被强制性地接受非市场化的服务或购销，长期来看不利于集团的发展。

第五章 构建积极投资人体制之一：集团公司的新定位

三是管理纽带。一般集团公司会决定成员企业的战略、人事和投资，有些甚至决定成员企业的生产经营。这里需要指出的是，公司的法律制度不等于公司的管理制度，作为成员企业的大股东，可以以合议方式将集团公司的控制事项写入出资协议或公司章程，这一点在《公司法》中属于意识自治范畴，并无根本法律冲突。而一些不太规范的集团企业，集团公司甚至直接以内部管理文件的方式或行政指令方式对成员企业进行控制。纽带的作用是促进协同，但很多集团企业在不自觉之中，将之演化成了控制手段。当然，随着现代企业制度的逐步确立和完善，集团公司越来越倾向于合法合规行使控制权，单纯的行政命令方式解决控制问题逐渐减少，股东会、董事会的作用越来越大。

再看集团公司和成员企业的地位。只要理解了集团公司的地位，成员企业的地位其实就非常清晰了。二者就像一个太极图的阴阳部分，此消则彼涨，阳盛即阴衰。

为了使整个集团形成合力，在日常运作中降低协调成本，在大多数中国的企业集团里，集团公司往往扮演一个"大脑"的角色，能够如臂使指般调度各成员企业。并认为，集团公司对成员企业的指挥能力越强，集团就越能发挥1+1>2的作用。在这样一种思想的指导下，中国的企业集团便不自觉地选择了中央集权式的管理体制，不断增强集团公司的集中管理能力。

要达到中央集权的效果，集团公司一般会在计划、人事、财务等方面实施控制，甚至是管到子公司的生产、销售、采购等运营环节，如集中采购、统一销售、集中调度等。极端情况下，一个大型集团企业只有集团公司一个大脑，成员企业成了手脚。如果集团公司不安排任务，成员企业就不知道应该怎样面对市场，甚至不知道怎样开展业务。

以黄金十年为代表，在企业外部环境变化不大的时期，发展的方向和目标比较明确，集团企业需要不断扩大规模和产能，需要不断复制自身的成功经验、技术和商业模式，中央集权管理体制有其可取之处。特别是对钢铁、石化等资本密集型企业而言，集团公司发挥集团唯一"大脑"的作用，表现出在资本开支和生产运营方面的充分权威，整个集团企业好像一个人一样在运转，可以把这种"简单重复"的投资效率和运营效率提到比较高的水平。

但如果这种中央集权式的集团管理走到极端，有些成员企业就会产生一系列问题。一方面，成员企业只知道接受行政命令，主观能动性将大大降低，对市场信号的反映极不灵敏，运营改善的动力下降。另一方面，成员企业与集团公司扮演"猫捉老鼠"的游戏，彼此争资源、争投资、争业绩，管理成本大大增加。此时，集中管理的弊端就暴露无遗，陷入"一统就死"的境地。因此，集中到什么程度，给子公司保留一定自主权是此类集团企业必须面对的问题。

对于另一类以差异化战略立身的集团企业，特别是身处知识、技术、智力密集型的行业，需要调动"基层"和人的力量，中央集权体制的弊端就更加突出。在产品差异化不高的行业，如，石化、钢铁，主要依赖成本优势扩大市场，通过规模化实现低成本是市场开发的关键要素。而产品差异化高的行业，如时尚消费品，既需要不断变化产品的花色、款式，对产品设计要求高；又需要打动和影响消费者，对市场营销和销售要求也高，这两个方面都需要充分调动"基层"和人的力量。

发挥成员企业的主观能动性，一是要靠激励。激励是一种机制，也是一种目标管理的手段。要研究集团整体价值创造与成员企业绩效挂钩的有效办法，鼓励成员企业按贡献分享集团成长。也可以引入事业合伙人机制，建立更为量化、动态的激励机制。

二是向成员企业分权。减少对成员企业具体生产经营环节的指挥和支配，让成员企业更多地独立思考自身的产、供、销问题，更加自主地匹配人、财、物等各项资源。这样，成员企业会主动应对市场挑战，增添自我实现的成就感,得到自主开展经营管理活动的历练。

面对不确定的环境,企业集团由集中指挥转变为充分授权,后方根据前方的意见予以炮火支援,也正是任正非推崇的"让听得见炮声的人指挥战斗"。

集团投资与转型创业的关系

我们可以根据集团企业投资目的,来研究整个投资活动介入深度。一般来说,集团企业由于投资目的不同,介入深度可分为运营、控制、分享、理财四种,如图5-1所示。

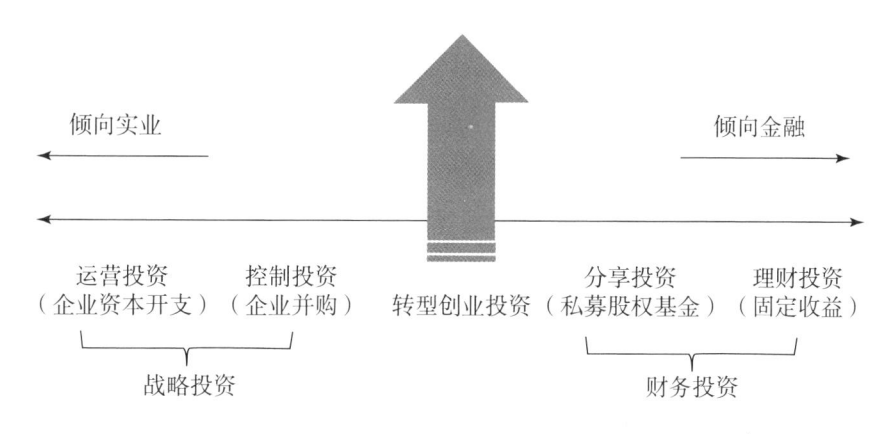

图5-1 转型创业投资的介入深度

运营投资

一是企业通过资本开支自建资产或业务,并在未来持续运营。任何企业总是从一项业务活动开始自身的经营,需要围绕这一业务开始聘用人员,购置或租用相关的经营性资产,推广相关的产品或服务,这些花费中能够资本化的部分即形成了开展上述业务的投资。资本开支是企业运营投资的原点。二是并购资产或业务直接运营。如果企业认为自建资产业务的速度太慢,或者发现外部有更合适的资产,就会通过购买纳入自身运营体系之中。无论自建还是购入,集团企业在运营投资领域介入程度最深。

通过并购实施运营投资最多的案例是同行业并购。在黄金十年中,许多知名的家电企业都是通过这种方式迅速扩大了产能和规模。在零售行业中,国美收购永乐、大中电器,就是比较经典的案例。

2006年,国美收购永乐,付出的"总代价"为52.68亿港元,约合55.97亿元人民币。当时,国美、永乐分别位列家电零售行业第一、第三,合并后市场份额达到12%,门店总数量达到800家,年销售能力接近800亿元。合并后,两公司迅速实施了运营整合,永乐创始人陈晓担任合并后的新国美总裁,双方旗下门店进行了调整与合并。在一个管理架构下运营,是运营并购最明显的标志。

控制投资

控制投资一般也通过并购来实现。当企业发现市场上存在更好的经营团队、业务和资产时,就倾向于通过收购兼并的方式对之实施控制。控制投资往往发生在企业对上下游或者多元化的并购当中。这种为了控制而并购的行为与前述为了运营而投资的行为不同,企业要么认为自己不具备运营该业务的技能,要么认为原有团队运营该业务更加专业化,不适合自己直接操作运营。但该业务又往往与自身业务存在财务、战略和运营方面的协同性,因此,必须加以控制以便发挥协同效应。

比如,某房地产企业并购一家金融机构。地产业务高度依赖融资能力,为了让金融机构能够源源不断地为自身融资,房地产企业就需要对该金融机构予以控制,以实现财务协同。在这种情况下,金融机构被看成了"提款机"。

再比如,某建筑企业并购一家房地产公司,意图进军房地产行业获得更高收益，也需要对房地产公司予以控制，以实现地产和施工领域的业务协同。房地产项目为建筑业务提供了项目来源，建筑业务保证了房地产项目的质量、工期和造价。两者的结合相得益彰。

那么，在上述两类并购中，并购企业为什么不直接运营被并购企业呢？

前者一般是由于房地产企业担心自身不具备运营金融机构的能力，后者可能是建筑企业认为房地产公司现有团队运营更专业。但无论出于何种考虑，必须对被并购方进行控制，才能实现集团的协同效应。

分享投资

分享投资与控制投资相对，其投资目的不是为了控制，只是为了分享该项目的经营收益和投资收益。分享投资包括两种形式：一是直接出资持有被投项目的股权。这就要求集团企业拥有判断项目的能力，并需要进行程度不同的投后管理。比如，派出董事、行使表决权和退出时的种种操作。二是通过出资股权基金，成为其有限合伙人。这种方式一般不承担或不直接承担项目的选择、投后管理和退出操作，上述操作转由基金管理人承担。如果进一步细分，此类投资还可以根据投资阶段的早晚，分为创业投资（风险投资）和私募股权投资（偏重于中晚期）。

分享投资由于不承担运营管理和战略控制的职能，投资比例一般也比较低，因而不会干预企业的发展方向和具体运作，通俗地说，是"跟庄"而非"坐庄"。特别是参与股权基金的方式，把相应小股东的权力行使及相应的项目选择、管理、退出委托基金管理人完成，责任更轻。

理财投资

这是一种集团企业介入程度最轻的投资模式。集团企业往往存在一些期限不一的现金，为避免资金的闲置，从纯粹理财目的出发，投资一些有价证券或者金融产品。这类投资以固定收益类产品为主，也有一些股债结合的夹层产品，但一般要求流动性比较强。

根据上述四种投资的分析，我们也可以将之进行归类。由于运营投资和控制投资都反映了集团企业的战略意图，所以，可以将它们归为"战略投资"。而分享投资和理财投资过多地反映集团企业的财务意图，所以，可以将它们归为"财务投资"。

那么，转型创业从投资角度看有什么样的特点？应该属于哪类投资呢？

作者认为，从集团投资角度看待转型创业，应该是战略投资与财务投资的结合行为，即"有转型战略意图，能够提供孵化支持的财务投资"。

首先，转型创业是集团的一种财务投资行为，体现了集团与下属公司之间的松散耦合关系。

第一，集团企业不参与创业公司的运营。创业公司可能从事的是集团企业不熟悉、不擅长的业务领域，或者虽属同一行业，但创业公司采取全新的运营方法和经营策略，在产品、服务、运营等方面开展创新，需要与集团企业不同的运营体系。

第二，不干预创业公司的发展。创新，需要宽松的环境和敢于冒险的精神，这与集团企业整体上追求风险控制，要求步调一致相冲突。因此，集团企业要给转型创业创造放马一搏的环境，鼓励其闯出一条新路。

因此，从不控制、不运营的角度来说，转型创业投资是一种财务投资。

其次，转型创业与一般的财务投资又有重大区别，必须体现集团的转型意图。

第一，创业公司的发展要体现集团转型方向。集团在投资项目选择阶段，一定要出于战略目的，为了集团转型而投资，不是为了简单赚取项目的经营利润和投资收益。集团虽然不必制定详细的转型规划，但仍需要有转型的战略方向。这一方向可以是粗线条的，具备一定弹性的，但又不能漫无目的，随波逐流。

第二，无论采用何种融合路径，创业公司未来要纳入集团企业体系。不干预创业公司发展、不参与创业公司的运营，不代表集团企业不关注创业公司的发展，不从创业公司的发展和运营中得到经验和教训。相反，创业公司作为集团企业的试验田，探索出的成功的理念、方法、模式和机制，应该优先在集团得以推广，改善集团的经营管理方式，为将来两者融合打下基础。

在20世纪60年代，位于美国威斯康星州密尔沃基的艾伦—布拉德利公司一直是电机控制行业的龙头，它主要生产能够控制大型电机的重型开关。这种电机控制器由于所控制的设备的价值和设备发生故障后导致的高昂成本，需要结实、耐用，能开闭几百万次，并能防震、防尘，抵抗恶劣环境。

20世纪60年代后期，莫迪康公司是第一家销售电子可编程电机控制器的公司。由于早期的电机控制器，无法做到像艾伦—布拉德利生产的控制器那样，在恶劣环境下也具有很强的耐用性，所以，莫迪康公司和其后投入开发的德州仪器公司均未能打开主流机床制造商和空调承建商的市场。

很快，通用电气公司和西屋电气公司也杀入这一新兴领域。然而，在5家领先的机电电机控制器制造商之中，只有艾伦—布拉德利公司改善了可编程电机控制器的耐用性，并开始侵入核心电机控制器市场，保住了自身在市场上的优势地位。这种情况让业内百思不解，从技术能力角度来看，当时通用电气公司和西屋电气公司在微电子技术方面的专业能力，要远远高于没有任何微电子技术系统化应用经验的艾伦—布拉德利公司。

艾伦—布拉德利公司究竟采用了什么样的制胜策略呢？

在1969年，也就是莫迪康进入电子控制器市场的一年后，艾伦—布拉德利公司的管理层投资了信息仪器公司25%的股份。之后，又收购了邦克—拉莫公司新成立的一个负责可编程电子控制器的部门。当时，其他四家企业，都有主流机电部门来负责管理其电子控制器业务，而机电产品的客户起初并不需要或者不想使用电子控制器产品。因此，这四家企业都未能在新技术领域上抢占足够的市场份额。与之相反，艾伦—布拉德利公司将收购后的企业合并为一个部门，其运转流程完全独立于位于密尔沃基的主流机电产品的业务部门。这个新部门主攻电子产品，逐步蚕食了机电控制器业务。艾伦—布拉德利公司借此将自己转变为工厂自动化电子控制器的主要供应商。

最后，为了更好地实现转型意图，集团企业也要承担转型创业的孵化责任，帮助、扶持创业公司发展。

第一，要提供资金、渠道等资源的支持。创业公司成立之初，一般都具有创新型的技术和商业模式，但资金、渠道等资源十分缺乏。集团企业要根据自身的条件和禀赋，帮助创业公司获取生存和发展的资源，扶持创业公司迅速渡过创业期，步入成长期，尽快实现高速增长。

第二，要向创业公司赋能。创始人和创业团队虽然具有一定的商业经验，但如何领导一个公司，如何形成凝心聚力的团队文化和机制，相对比较陌生。要通过文化建设、机制建设和学习体系建设，帮助其吸取教训，少走弯路；帮助其获得接地气的创业经验和创业方法；帮助其掌握有效的管理技能和广阔的商业视野。

向创投基金学习

转型创业在集团企业整个投资活动中介于战略投资和财务投资之

间，天然兼具两种投资的特点。

从动因和目的上看，集团企业开展转型创业投资无疑具有很强的战略意图，只是由于在转型的过程中，缺乏明确的方向和目标，没有可靠而有效的工具，更无法判断天气和洋流的变化——转型面临着瞬息万变的环境挑战，因此，不能够采用战略投资的方式，运营或者控制这一过程。

另外，集团企业开展转型创业投资具有财务投资的属性。这种方式将成功的希望更多地寄托在创业公司本身，集团企业化身为相马者和马夫而不是作为一匹赛马，好处多多。在不影响集团企业现有业务稳定运行的基础上，将转型转化为财务投资，让创业公司在创新之路上放手一搏，可以说是用最小的风险换来了最大的创新。

转型创业需要掌握战略投资和财务投资两种技能的融合。作为中国的大多数集团企业，他们出身于产业，更熟悉战略投资。在以往的集团管控经历中，积累了大量战略投资的相关经验，但对于财务投资，特别是分享投资方面，经验相对缺乏。这是因为实业集团发展主营业务往往要求控股，少数参股投资也往往能够通过技术、业务等关联交易手段加以控制，对于不强调控制、只强调收益的分享投资参与较少，相对经验不足。在财务投资领域，创投基金的经验更为丰富。集团企业开展转型创业投资，要向创投基金学习。

创投基金有一套财务投资的体系与方法。其要点如下。

——选择一个未来能够爆炸式增长的行业。如果把创业公司比作船上奔跑的人，那么行业就是在水中航行的大船。对于我们在岸上的人来说，选对了行业就好比选对了那条划的最快的船——虽然船上的人走得慢些，但在岸上的人看起来依然够快。反之，如果选错了行业，上了一条慢船，那么即使你在船上跑得飞快，岸上的人看起来你还是跑得太慢。值得注意的是，由于当今互联网和新技术的蓬勃发展，从宏观上看，行业已经不再稳定和固化，正在不断裂变和重组，一些原来没有的行业层出不穷。因此，要动态地看待行业的分类和行业属性，把握行业的变迁和演进，掌握新兴行业的"风口"。

——选择最有可能成功的创业公司。判断一个公司能否成功的重点在于团队、技术、商业模式。领先的技术是创业公司最好的"护城河"，能够让创业公司在成立伊始就具备了抵御竞争的基础。好的商业模式能够反映出创业者的创新思维，能够让创业公司取得先发优势。此外，还要看团队是否具备应对变化的能力，是否具备坚定不移、持之以恒的韧性。技术只能领先一时，商业模式也可能被人模仿，创业公司成功的根本还是靠人。

——搭建一个自我激励的机制。让创始人及创始团队尽可能多地持有创业公司股权——让团队感觉到公司是自己的；让他们独立地判断前进的方向，承担一切可以承担的工作——让团队感觉到事业是自己的；把社会舆论的光环聚焦于创业者——让团队感觉到成就是自己的。

——搭建一个良好的风险管理机制。重视出资协议和公司章程，建立按章办事的法律意识和公司文化。完善和加强股东会、董事会的建设，如有派出董事的安排，要注重发挥派出董事在参与决策、控制风险两方面的作用。"未谋进、先谋退"，遇到战略调整，做到能及时退出，兑现价值。

积极投资人

创投基金的做法值得集团企业学习，但转型创业仅仅学习创投基金的做法是不够的。

一般来说，创投基金的主要职能是出钱，它没有义务向创业公司提供更多的东西。虽然，许多创投基金在投资之前也表达要向创业公司提供更多的、资金以外的帮助，但往往是说得多、做得少。原因如下。

——创投基金的资源有限。作为投资基金的管理人，基金管理公司运营的资产就是资金和少数股东权益，他没有生产经营业务和运营资产，也没有金融信用。不排除基金管理公司的合伙人个人有一些商业资源，但从公司角度看是缺乏商业资源的。

——基金管理人的能力比较单一。基金管理人的能力更多表现在"相马"而不在骑马飞奔上。不排除少数基金管理人项目看多了也懂一些骑马的技巧，但更多的是纸上谈兵。虽然有的基金管理人出身实业甚至做过集团高管，操作经验相对丰富，但大多数是金融背景，对业务的理解只浮于表面。因此，基金管理人很难向创业公司提出好的商业建议，更难指导创业者提高管理技能。

——基金管理人精力有限。由于创投基金作为一种集合投资方式，往往要投资多个项目，需要谈判的项目更多至数十倍，基金管理人没有精力为投过的项目提供辅导和指导。通过提高成功概率获得超额收益是创投基金的商业模式，我们也不必对其抽不出精力辅导项目有所怨言。

而集团企业开展转型创业投资，与创投基金相比，有很多可为之处。

——集团企业都有一定实业资产和业务规模，有形资产可以为创业公司试验、制造、物流等创造条件，也可以在风险可控的前提下为创业公司提供商业信用和银行信用。

——集团企业都有一定的行业号召力，可以为创业公司提供品牌背书等无形资产方面的帮助。创业公司的产品知名度低，投放市场初期不容易得到广泛认可，借势集团企业的知名度更容易打开局面。

——集团企业在行业深耕多年，都有一定的商业网络和商业渠道，转型创业项目又往往与集团企业的主营业务存在较多的关联性，可以共享这些业务体系资源。最常见的是使用集团企业的供应链资源，提升采购的效率，降低采购成本。

——集团公司投资转型创业项目，数量上不可能太多，集团公司的领导者具备相关行业的丰富经验，也有精力为创业公司提供管理和业务方面的指导。集团企业的高管是创业公司最合适的导师。

因此，作者认为集团公司在转型创业方面的定位是积极投资人。

所谓积极投资人，主要有以下几层含义。

——是导师而非所有者。根据创业公司的需要给予创业公司指导。包括传授创业方法和经验，培养创业公司高管领导力和管理技能，指导创业公司商业逻辑和商业诀窍，提醒创业过程中遭遇的陷阱和意外。

——是后台而非前台。要时刻提醒是创业者在带领团队，开展经营管理活动。创业公司在前冲锋陷阵，集团公司提供粮草、炮弹等后勤支援。要牢记集团企业不是运营者，创业公司才是。

——是治理而非管控。集团公司要按照出资协议和公司章程，通过创业公司的治理结构发挥作用，具体而言就是当好股东、当好董事。不能用集团公司的管理制度、文件和标准手册来约束创业公司的经营管理活动。

同时，要积极发挥作用，不能一投了事，做到不越位、不缺位。具体而言，要行使以下职责。

——动态适时掌握创业公司经营状况。掌握情况是判断和指导的前提，不掌握经营状况，就无法准确、有效地指导创业公司。也无法识别公司出现的重大风险，不能发挥治理作用。

——因地制宜提出建议。既可以通过派出董事，向创业公司提交正式意见，也可以决策者面对面，通过日常交流、沟通，为创业者出谋划策，提示风险。

——当机立断控制风险。当发现公司经营出现违规操作、欺诈和其他重大风险时，必须及时采取有效措施，通过临时董事会、股东会及派出关键岗位人员，在合法合规的前提下，必要时可以更换经理人员，改组董事会。

——全心全意投入资源。在不违反集团制度的情况下，动用一切可以动用的资源和力量，扶持、帮助创业公司。在投入资源方面，要把创业公司视为己出而不是当作外人。

积极投资人的核心是怎样当好一个既不下场踢球，也不当球队队长的足球俱乐部的投资人。他会选择最好的球队投资，当最好的业余教练，在队员大汗淋漓的时候送来汽水，在取得佳绩时送来鲜花和掌声，在球队出现重大问题时，也会提请俱乐部更换教练和队长。

第六章　构建积极投资人体制之二：从集团企业家到转型投资家

在第五章，我们着重讨论了集团公司在转型创业中的定位问题，本章要探讨一下集团企业家如何转型，以适应集团公司新的定位。

正如集团公司是整个集团企业的龙头一样，集团企业家也是集团公司的龙头。在集团企业转型创业过程中，集团企业家不但不应该置身于事外，还必须秉持学习和进取的心态，勇于担当，以个人转型带动集团企业转型。

企业家的作用

在中国经济持续增长的过程中，人们越来越清楚地认识到企业家所发挥的重要作用，认识到企业家是社会的稀缺资源。

企业家是业务的开创者

他们或学习模仿，或发明创造，或内引外联，把技术、创意、模式由一个原点发展成为一项业务，把单一的业务丰满起来，发展成一个事业。敢于开创业务，勇于面对挑战，是企业家精神最集中的体现。

"万事开头难"，创业能力是一种非常难得的能力。一个企业从无到有、从 0 到 1，既要有勇气、有魄力，又要善于学习；既要发现商机，又要能够构架业务；既要亲自操作，又能够带领团队。

第六章　构建积极投资人体制之二：从集团企业家到转型投资家

在当今中国，由于大部分企业创始于20世纪八九十年代，第一代企业家还没有全部退休，因此，掌控企业的领导者大多是创业者，如华为的任正非、联想的柳传志、娃哈哈的宗庆后、万达的王健林等还活跃在企业的舞台上。互联网时代崛起的新锐企业家，如阿里巴巴的马云、腾讯的马化腾、百度的李彦宏，正处于年富力强时期。可以看出，我国企业家的创业者色彩相当明显。

企业家是企业的管理者

企业发展的决定性因素是把一批人组织起来，通过分工和协作达成企业的战略和目标。随着企业规模的不断增大，企业家通过建立组织架构和制度流程，制订工作计划，分工授权，落实绩效考核，协调过程中出现的问题，控制可能出现的风险，完成了一个个周而复始的企业运转。善于管理，是企业家与商人的根本区别，也是企业做大做强的关键技能。

如果说一个企业家面对的第一关是"创业关"，那么，管理可以说是企业家面对的第二关。企业在市场站稳脚跟后，往往谋图进一步扩大企业的规模，取得持续增长，但很多企业家却在这个阶段败下阵来。要么是业务多了，规模大了，按了葫芦瓢又起，顾此失彼，疲于应付；要么是贪大求洋，风险失控，现金断流，其兴也勃焉，其亡也忽焉。归根结底，没有摆脱单打独斗的小格局，没有一套体系支持更大规模的经营，管理没有跟随业务上台阶。

不善管理，让曾经显赫一时的爱多 VCD、三株口服液轰然倒塌；而海尔、富士康等之所以成长为世界级企业，正是因为他们的掌舵人成长为管理大师。

海尔的张瑞敏是一位从实践中来，到实践中去的管理大师。1985年，中国的家电供不应求，而张瑞敏果断决定，砸毁76台有缺陷的冰箱，并在 1988 年带领海尔获得了中国电冰箱史上的第一枚质量金牌。在其后的 30 年中，日清日高、OEC 管理法、市场链、人单合一，不断创新的管理理念和方法使海尔成为销售收入超过 2000 亿元的家电之王。

企业家是企业的决策者

企业的发展需要战略决策，企业的运营需要计划决策，企业的项目需要方案决策，这些战略、计划、方案，形成一个庞大的周而复始的决策链，等待企业家做出判断，下定决心。日常决策成就业务，重大决策成就企业。企业家决策水平的高低，某种程度决定了企业能力的高低。

李嘉诚就以战略决策见长。他由成立塑料花厂开始创业，终成华人首富，每一次大的跨越，都伴随着成功的战略决策。1977 年，老牌英资企业和记黄埔由于资金问题，其控制权临时性转入汇丰银行手中。李嘉诚利用汇丰不愿控制实业集团的心态，开始逐步渗透和买入和记黄埔股票，最终于 1979 年完成了这宗被《远东经济评论》称为"使李嘉诚直上云霄的一宗世纪交易"。和记黄埔不但为李嘉诚大举发展房地产业务提供了大量优质土地，也为其后的投资提供了源源不断的资金支持，可以说，收购和记黄埔是李嘉诚通过投资建立商业帝国最关键的决策。

企业家是企业文化的核心构建者

企业家的价值观、工作风格、做事态度是企业文化的源泉，有什么样的企业家就有什么样的企业。企业家通过选人用人和言传身教，在企业中建立了统一的价值观和风格态度。企业家带领企业以显性和隐性方式把上述文化传导给客户、供应商、股东、员工等利益相关者和社会大众，构成了企业影响力的重要组成部分。

一般来说，在企业的初创期，业务是初创企业的头等大事，企业家把大部分精力投入到客户开发、产品交付等各个环节，是业务操作的主要承担者。在这一阶段,管理、决策、文化都以业务为中心,相对偏重于任务导向。

在企业的成长期,企业家把业务操作委托属下,把主要精力投入到业务的控制管理上,决策开始关注多项目的选择,并倡导加强管理导向的文化。

在企业的稳定期,企业家把业务管理和项目决策交由其他高层管理人员,自己专注于战略决策,围绕战略决策,推行企业制度、流程、标准等管理体系建设和文化管理。在这个时期,业务和管理的前线已经很难看到集团掌控者的身影,他把更多的精力用于战略思考和企业后台。

从上面的描述中我们可以看到,随着企业的不断发展,企业家逐渐由业务运作转变为战略决策,由操作管理转变为体系、文化建设,由企业的前台退身于企业后台。企业的成长历程,也是企业家的成长历程。

集团企业家的两种角色

对于掌管大型企业的集团企业家而言,经过多年经营管理的锤炼与摔打,他已经深谙行业的运行规律,对外部环境的风吹草动十分敏锐,对集团企业的运转明察秋毫。此时,他依靠体系来管控企业,靠文化来凝聚人心,自己则根据行业的演进和自身的资源禀赋,来判断集团企业下一步的战略机会在哪里,怎样持续保持集团的竞争优势。在熟悉的行业之中,每一个微小的变化都了然于胸,集团企业家牢牢掌握着集团企业未来的命运。

这是我们熟悉的集团企业家的典型形象。每一个成功的集团企业家都是行业的顶级专家,都是工业时代的经营高手,实业家是他们最恰当的标签。

作为一个致力于成为行业领袖的集团企业家来说,仅仅做好实业是不够的。随着企业规模的扩大，他除了要善于经营实业外，还要善于运用资本经营的方法和技能，成为一名出色的投资家。

实业家和投资家需要不同的眼光、能力和技巧。

——实业家立足于自建，投资家立足于整合。实业家依靠建立自己的团队、自己的运营系统和自己的实物资产，经营自己的产品和服务。投资家则通过合资、收购、兼并等方式，从别人那里"拿来"团队、系统和资产。

——实业家看重内部能力，投资家看重外部资源。实业家认为自己的生产能力、销售能力和研发能力是成功要素，眼睛向内；而投资家则认为好东西都在外部，眼睛向外。

——实业家以经营利润为目标，投资家以资本增值为目标。实业家总想通过扩大产品销售收入，降低单位成本，目标是更高的经营利润。而投资家把企业当作一个"产品"，通过低买高卖，实现资本增值。

作为大企业的代表，产品经营和资本经营是集团企业发展的两个轮子，两者在创造企业价值方面殊途同归，但方法和手段各有千秋。因此，集团企业的领导者应该实现实业家和投资家这两种角色相结合，善于运用产品经营和资本经营两种手段、两种策略。

集团企业家要成为转型投资家

转型，是集团企业的重大战略变化。当今的转型，要求集团企业把创新作为转型的内核。在这一条件下的投资与一般意义的投资具有很大分别。

——以往的投资着眼于集团企业规模的增长。相当多的集团企业并购是为了快速扩大集团的规模。一般来说，并购比自建更快，在获得产能的同时，也获得了市场、团队、供应链和品牌。合并后，集团企业的规模效应更加充分,议价能力提高,采购成本降低。

在前文中提到国美对永乐的收购,就是一个明显的案例。国美通过收购永乐,门店数量由540家提高到726家,销售收入由247亿元提高到425亿元,获得了更大的增长。

——以往的投资着眼于集团企业在产业链上的控制。在集团企业的运营模式完善以后,保持自身运营的稳定成为获取利润的关键。干扰集团企业运营稳定的因素主要来自上下游的波动,因此,集团企业倾向于通过投资上下游获得稳定的供应和销售。

作者曾经供职的原神华集团就曾多次通过并购,实现运营的稳定。神华集团是全球最大的煤炭供应商,拥有全球最大的煤炭生产能力,高峰时达到6亿吨,占全国煤炭总产量的15%以上。现代化的高产高效矿井投入大,生产成本低,但如果运销不畅,矿井的连续生产受到干扰和停顿,固定资产折旧、摊销和维护费用就很多了。因此,神华集团在近20年的时间里,多次通过并购和自建下游火力发电厂,实现了运营的稳定。神华集团的发电装机容量一度曾达到国内第五名的水平。最大一笔是收购国网能源550亿元人民币资产。2017年,神华集团又与国电两大集团合并,新组建的国家能源投资集团,更是创造了煤炭产量、发电装机容量、新能源产量和煤制油产量四个世界第一,煤基全产业链运营成为集团经营收益的最大保障。

——以往的投资着眼于集团企业多元化发展。这里所说的多元化,特指与集团主业无关的多元化。正如前文所述,集团企业开展这种多元化的投资,一般出于如下考虑。

认为自己所处行业增长遇到了天花板。要么是自己的市场份额、规模难以提高,要么是对行业的重新繁荣失去了信心,意图通过投资其他行业"腾笼换鸟"。

认为其他行业出现了暴利机会。这是一种比较明显的机会主义行为，从战略角度反映出企业家的短视，并不可取。

本书中论述的转型创业，对集团企业家提出了新的要求。一方面，集团企业需要集团企业家承担原有的战略决策和管理职能，保持集团的稳定运营；另一方面，转型创业又需要集团企业家做出身份的调整和转型。这一调整的核心，是要求企业家兼顾战略投资和财务投资两种方法、两种技能，通过投资—孵化—融合，实现集团企业的转型。

我们把具备上述新能力和新身份的集团企业家称为转型投资家。

转型投资家的三种能力

由一名集团企业家成长为转型投资家，是一次化蛹为蝶的蜕变。意味着改变原有的思维范式和行为习惯，开辟新的视野，掌握新的技能。就像一个惯于在陆地上奔跑的动物，要在一片陌生的大海里重新学会游泳，在广阔的蓝天上重新学会飞翔。

成为转型投资家，需要具备互联网战略思维能力、创业投资能力和新兴产业识别能力。

互联网战略思维能力

战略思维是企业家开创事业的原点，也是企业家作为领导者、决策者的核心技能。作为转型投资家，在领导集团企业进行一次惊险的大跨越时，需要具备足以支持转型的战略思维。

战略思维需要在洞悉人心的前提下，建构一种判断事物、识别机会和行动取舍的总的方法和原则，即价值观/经营理念。需要明晰企业如何实现价值创造的逻辑和架构，即商业模式。需要把握企业如何扬长避短、避实击虚，最终超越对手而胜出的关键举措，即竞争策略。

在工业时代，集团企业家们已经形成了一套成熟的战略思维。在这

第六章 构建积极投资人体制之二：从集团企业家到转型投资家

种战略思维的指导下，集团企业不断开发新的市场和客户，拓展产品和服务，构建新的产能和领域，取得了既往的成功。所谓企业家成熟老练，能够稳坐钓鱼台，正是因为有这样一套成熟的战略思维。

时代在发生巨变，战略思维也要与时俱进。

在互联网时代，新的价值观冲击着企业的客户、供应商、员工和股东，新的商业模式层出不穷、变化多端，新的竞争策略令人眼花缭乱，传统企业家们看不懂了，仿佛得了"时代不适应症"。因此，转型投资家就需要通过学习、观察和摸索，掌握互联网战略思维。

——掌握互联网战略思维，才能真正了解互联网时代作为客户、员工等企业利益相关者的思想脉络和行为习惯，才能知道在互联网时代，什么样的企业能够做到和怎样做到"得人心者得天下"。

——掌握互联网战略思维，才能真正了解以互联网企业为代表的创新企业是如何获取客户、如何运营和如何赚取利润的，进而准确把握创新企业的价值。

——掌握互联网战略思维，才能真正了解创新企业怎样识别竞争对手，又怎样利用自己的优势，通过重新定义市场、重新定义产品、重新定义运营实现对行业的颠覆。

创业投资能力

创业投资就是风险投资，一般指投资于一个成立比较早期的企业的股权。广义的股权投资包括并购投资、Pre–IPO 和创业投资，而狭义的股权投资专指并购投资和 Pre–IPO。同样，广义的创业投资包括天使投资和 A 轮投资、B 轮或其他可定义的整个创业期投资，狭义的创业投资不包括天使投资。在本书中提到的创业投资取其广义，即针对创业期的企业的投资。

转型投资家首先是一名投资家，必须掌握投资的方法和逻辑并运用自如。由于转型创业项目都是早期项目，因此，具备创业投资的能力就非常重要。

创业投资与其他投资相比，有其独到之处。

——创业投资更关注成长性。成长性反映在业务的快速增长和估值的快速增长两个方面。其中，业务的快速增长是估值的快速增长的前提，估值的快速增长是业务的快速增长的结果。同时，估值的快速增长也反映出不同时期市场对于每一类项目的偏好，即所谓的"风口"。

——创业投资更偏重主观判断。早期项目由于缺乏既往业绩和财务数据，投资判断相对更加主观，对投资人的眼力要求比较高。因此，投资判断往往集中在行业、商业模式和团队方面，其中对创始人的判断更为关键。部分项目在创业过程中甚至需要屡次更换行业和调整商业模式。

——创业投资更强调孵化。创业公司成立之初，往往缺乏业务经验和商业资源，需要投资人在相关方面予以帮助。当然，在实践中投资人由于投资项目比较多，或者自身能力、资源有限，可能起不到太多作用。在这方面，由于转型投资家投资项目相对较少，实践经验比较丰富，商业资源多，可以在孵化方面更有作为。

新兴产业识别能力

转型创业，是对集体企业原有业务、技术、商业模式的升级和创新，因此，自然具备典型的新兴产业特征。如果转型投资家对新兴产业理解不深，对新业务、新技术、新商业模式知之甚少，就很难准确判断创业公司的前景，更难为创业公司的发展提供帮助。

新兴产业行业众多，涉及面广，转型投资家不可能对所有行业和规律都有广泛涉猎和深入理解，但至少要对本集团行业相关的新兴产业和"广口"新兴产业有更多的了解。

作者所讲的"广口"新兴产业,是指新兴产业中覆盖面广、投资市场中比较常见的行业和领域,主要包括以下几个方面。

——广义互联网。包括电商、社交、大数据、云计算、人工智能等。

——智能制造。包括产品、过程和管理的智能化。

——现代服务业。包括生活服务业、生产服务业、企业服务业等。

——新能源/节能环保。包括分布式能源、清洁能源、节能新技术、环保新技术等。

转型投资家对上述行业和领域都应该有一定的认知和理解。

在行业选择方面,要从与本企业的关联程度与行业潜力两个维度进行科学分析,如图6-1所示。

——行业潜力方面。具体包括行业的规模与成长性、国家政策支持度、资本市场估值和标杆企业状况等。

——关联程度方面。具体包括业务协同性、资源保障性和技术延展性等。

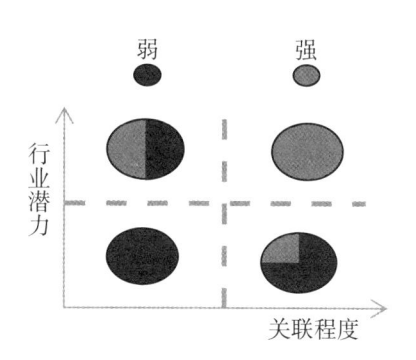

图6-1 行业选择的两个维度

在集团企业积极投资人体制中,具有三种能力的转型投资家居于核心位置,是转型创业能否实现的关键。

第七章　赋能：创业公司需要的工具和环境

赋能的含义

最近两年，"赋能"这个词在业界高频出现，互联网三大巨头纷纷强调自己是在为企业赋能，为社会赋能，人工智能、物联网等新技术也都把赋能当作自己的主要功能，一时掀起了讨论赋能的热潮。

如果对"赋能"追根溯源的话，学术界会援引英文中的两个词，一是 Empowerment，译作"赋能授权"或"赋能"。但究其本意，还是强调上级授权给下级——赋予他们更多额外的权力，是一种自上而下对内部的授予，且指向的"物"是权力，而非能力，因此，把赋能理解为 Empowerment 不符合实践中"赋能"的含义。

二是 Enable，一般译作"使能"。阿里巴巴总参谋长曾鸣教授用这个单词来解释"赋能"，就是取其"使某人有能力"的意思。作者赞同这个解释，毕竟"使能"一词较拗口，不如赋能更通顺。

按曾鸣教授的解释，赋能是"让别人有更大的能力去完成他们想要完成的事情"。在本书中，赋能即采用这一定义。

曾鸣教授在《智能商业 20 讲》中，把管理中的激励和赋能对照起来，做了三点比较，以便大家更深入地理解赋能。

第一点，激励偏向的是事情结束之后的利益分享。而赋能强调的是激起创造者的兴趣和动力，给他合适的挑战。

第二点，赋能比激励更需要依赖文化。

第三点，激励聚焦在个人，而赋能特别强调组织本身的设计，人和人的互动。

研究一下工作的一般方式，有助于更好地理解赋能的含义。我们做事的方法有三类。

一是自己亲自干。自己亲自干最容易上手，见效也最快。缺点是效果有限，俗话说"浑身是铁能打几根钉"。你个人体力、智力的边界决定了你事业的边界。所以，这种方法适合于事业的初期、规模不大的情形，一旦要做大事，亲自干是不够的。

二是指挥别人干。指挥别人干，能够干成大事。因为这种方法不是靠你个人，而是靠团队，"众人拾柴火焰高"。事业的边界突破了个人的智力和体力，转而依靠团队的智力和体力。缺点是调动能人的积极性不容易，特别是创造性人才。这种创造性人才是不愿意完全听命于别人，当一块任上级搬来搬去的"砖头"的，他们更希望当家做主，这样才有成就感。指挥别人干，就是我们通常讲的管理。

三是"让别人有更大的能力"。让有能力的人自动自发地创造，通过成就别人来成就自己。与第二种方式相比，你依靠的人发生了变化。前者吸引的是执行力强的人，但策划、决策及整合资源的主体依然靠你自己，你自己还是"发动机"。但后者吸引的是"创意精英"，是自带"发动机"的人。这是一件比管理难度系数更高的本领。"让别人有更大的能力"，就是所说的赋能。

说赋能难度系数更高，有三个理由。

——赋能要求有软实力。亲自干靠的是自身的技能和勤奋，管理靠的是刚性的制度、流程、标准，而赋能主要靠价值观、魅力、文化等方面的影响力发挥作用。因此，对赋能者的素质要求比较高。

读者们可能对价值观、文化一类的素质不以为然，而对领导者的个人技能、控制力等比较重视。其实，一个有卓越价值观、文化影响力的领导才真正强大。我们中国传统文化中对领导者的"德"——即价值观是非常看重的。同时认为领导者不要什么都懂、什么都会，尤其不要有太强的操作能力，以免影响下属能力的发挥。领导者关键是提出一种价值主张，会识人用人，再具备百折不回的强大内心和毅力就够了。这与赋能的精神是非常契合的。

大家都读过四大名著或者看过相关的影视作品，那里面反映出的领导者形象就很耐人寻味。四大名著中有三部反映的是一个有追求、有目标，去完成一项特定使命的组织。《西游记》团队是为了西天取经，《三国演义》中的蜀汉团队是为了兴复汉室，《水浒传》中梁山团队是为了"替天行道"，三个领导者分别是唐僧、刘备和宋江。

这三人给读者的第一感觉都是比较"面"，和心目中领导的权威、能干不搭边。再与他们出类拔萃的部下一比，更显得窝窝囊囊。

三个团队都要披荆斩棘，杀出重围，因此，必须能打。

这三位领导中最能打的要算刘备，参加过"三英战吕布"，但和手下赵云、关羽、马超、张飞、黄忠相比，根本不是一个级别的。指挥打仗更是和诸葛亮没法比，也远逊于对手曹操。

宋江就没和别的武将动过手，只杀过一个女人——自己的外室阎婆惜。从"杀惜"过程来看，下手很不利落，但好在还能领将带兵，能上战场。打仗谋略上不如军师吴用。

反差最大的应该属唐僧。孙悟空不用说了，武艺、智谋和他差出十万八千里，就是八戒、沙僧也都是天兵天将出身。唐僧却根本不会武艺和神通，甚至上不了战场，遇事也基本没有智谋。

三个人既然文才武略都不如部下，那么，凭什么各自领导出类拔萃的属下呢？又凭什么带出一支如狼似虎的团队呢？

首先，他们都有远大的抱负。刘备的价值主张是"兴复汉室"，这比当时各地诸侯如张鲁、刘璋等只图盘踞一方的想法高出了一大截。宋

第七章 赋能：创业公司需要的工具和环境

江的价值主张是"替天行道"，也远非一般占山为王的草寇可比。唐僧的价值主张是"从西天求取大乘佛法普度苍生"，和普通僧侣只顾自身修行的做法形成了鲜明对比。

其次，他们都有百折不挠的毅力。刘备一介布衣，起兵后一败再败，但矢志不改，终于在四十七岁时联吴抗曹成功，获取了荆州。宋江被逼上梁山后，力排众议，历经波折，坚定不移地追求招安。唐僧师徒经九九八十一难，方取得三藏真经。没有强大的内心、顽强的毅力，领导者终将一事无成。

最后，他们都善于笼络人心。刘备虚怀若谷，终于将诸葛亮、赵云等一干能人收于麾下。宋江以"及时雨"天下闻名，才能得到桀骜不驯的梁山好汉衷心拥戴。唐僧擢拔一干犯天条的囚徒为我所用，一心向善，引导大家修成正果。还记得他给孙悟空缝补衣服吗？

由此可以看出，雄心、恒心、人心的作用超过个人技能，才是领导者成功的关键要素，也是赋能的核心技能。

——赋能方式更间接。赋能通过影响人实现管理和操作，自己并不下场踢球。通过文化、环境凝聚人心，不能直接下命令，更不直接操作。对发挥作用的技巧要求更高。

如果领导者知道诸葛亮的谋略远高于自己，自然像刘备一样，甘于让诸葛亮排兵布阵。但就怕领导者认为自己是曹操，也谋略过人。领导者一般经验比较丰富，操作能力比较强，克制自己不下场踢球殊非易事。管好自己，捧红别人，是成为赋能式领导的前提。

领导者要相信年轻人能干得更好。年轻人掌握更多的新知识，爆发力强，敢于突破常规，更适合创新。赤壁之战时，曹操五十三岁，刘备四十七岁，周瑜三十三岁，诸葛亮只有二十七岁，孙权更是只有二十六岁。可以说，这是一场年轻人战胜老辈人的战争。经验固然重要，创新尤为可贵。

从事业长远发展的角度来看，未来是属于年轻人的，这是历史规律，切不可因年轻人经验不足、历练不够就不对其委以重任。一项大的事业往往需要一代人甚至几代人前赴后继、薪火相传。如果不能有效地培养接班人，到头来出现人才的青黄不接，必将对事业的长远发展造成损害。曾国藩曾说，做大事第一要务是找替手。此言不虚。

不自己亲自操作，也不下命令，公司能够开展工作吗？领导者能够通过赋能发动员工吗？我们看一下发生在谷歌的小故事。

一个周五下午，谷歌创始人拉里·佩奇偶然发现用谷歌网站搜索关键词，并没有筛选出最搭配的广告。拉里既没有给任何人打电话、发邮件，也没有召开紧急会议。他只是把自己不喜欢的搜索结果打印出来，做了标记，贴到了台球桌旁厨房隔壁的公告板上。在贴纸的上端用大写字母写了"这些广告糟透了"几个字。

周一清晨5点零5分，一位名叫杰夫的工程师联合其他四位同事对此提出了解决方案。他们利用周末时间不但编写了解决方案模型及超链接，还附带了测试结果，证明了新模型与当时通用模型相比的优越性。后来，这个核心理念成为谷歌AdWords引擎赖以生存的基础，产生了价值几十亿美元的业务。令人称奇的是，杰夫和其他几位工程师并不负责广告，他们只是周五下午碰巧看到了拉里的留言。

——赋能对象要求高。赋能的对象不是普通人，而是"创意精英"。创意精英往往有更高水平的技术和能力，对事物的看法更深刻，视野也更广阔。如果你没有相同的价值观和与之相配的能力，很难和他们打成一片。

"创意精英"一词，来自《重新定义公司——谷歌是如何运营的》一书。书中把谷歌十几年来招徕的工程师与传统的知识工作者做了对比。"……这些人不拘泥于特定的任务，也不受公司信息和计算能力的约束。他们不惧怕冒险，即便在冒险中失败，也不会受到惩罚或牵制。

第七章 赋能：创业公司需要的工具和环境

他们不被职位头衔或企业的组织结构羁绊住手脚，甚至还有人鼓励他们将自己的构想付诸行动。如果出现不同意见，他们不会选择缄口不言。他们很容易失去耐心，经常变换职位。他们具有多领域的能力，经常会将前沿技术、商业头脑以及奇思妙想结合在一起。换句话说，至少从传统意义上来说，这些人已经不能算是知识工作者了。这是一个新的物种，我们称之为'创意精英'，他们，便是互联网时代取得成功的关键所在。"[1]

谷歌认为，创意精英会自动自发地迎接挑战。公司只需要把这些人找到，为他们营造一个适合创造的环境，他们就会发挥作用。创意精英极难管理，无论公司付出多少努力，都无法指挥这些人的想法。因此，公司必须"学会管理他们进行思考的环境，让他们乐于置身其中"。

无独有偶，竹内弘高和野中郁次郎曾经描述了世界优秀公司最卓越团队具备的特质。

第一，超越寻常。他们具有希望超越寻常的目标，实现这种目标的动力促使他们超越寻常，达到卓越。他们下决心拒绝平庸，出类拔萃，这种决定改变了他们看待自己的方式，扩大了他们的能力范围。

第二，自主性。这种团队自我组织，自我管理，有能力决定如何开展工作，并获得了根据自己的决定做事情的授权。

第三，多功能。这些团队具备完成项目的所有技能：计划、设计、生产、销售、分销。具有这些技能的成员相互学习，相互提高。[2]

这种卓越团队的成员，就是创意精英。

面对创意精英，重要的是领导者有心胸，能容人。《重新定义公司——谷歌是如何运营的》中提到的一项产品决策的例子就很能说明

---

[1] 施密特等. 重新定义公司——谷歌是如何运营的 [M]. 靳婷婷，译. 北京：中信出版社，2015.
[2] 杰夫·萨瑟兰. 敏捷革命 [M]. 蒋宗强，译. 北京：中信出版社，2017：50.

问题。

当时，谷歌主打的关键词广告产品 AdWords 正处于研发早期，公司的创始人谢尔盖·布林提出了自己的构想，希望一名叫斯利达尔的工程师带领工程技术团队将之付诸实施。斯利达尔虽不是公司高管，但他认为谢尔盖·布林的论点不充分，拒绝采纳这一构想。于是，谢尔盖做出了妥协，他提议将斯利达尔的团队一分为二，一支按自己的构想进行开发，另一支按斯利达尔的构想进行开发。在一般组织体内部，这意味着上级做出了最大让步，下属应该满意了。可斯利达尔坚持认为谢尔盖的决定不对，经过又一番深入讨论，谢尔盖只好放弃了自己的想法。

综上所述，未来企业需要的不是管理，而是赋能。

赋能在转型创业中的作用

集团企业搞转型创业，主要采用的是分散试错的办法，把转型使命交给创业公司完成，同时，又和创业公司建立了投资关系，双方的命运被捆在了一起。

一方面，作为创业公司的投资人，创业成功会创造投资价值，集团企业有动力通过各种方式帮助创业公司快速成长。从这个角度看，集团企业与普通投资人别无二致。

另一方面，由于创业公司承担转型使命，集团企业与普通投资人相比，要求转型的风险较小，要求创业的成败不致直接导致集团企业大船倾覆，因而要求更高的成功率。如果把创投基金比作用机枪扫射目标的话，转型创业投资更像狙击手，必须用有限的子弹命中目标，通过降低投资失败率保证转型的进程不致延迟和失败。因此，集团企业对创业公司的孵化是其应有的职责，孵化的重点就是赋能。

第七章　赋能：创业公司需要的工具和环境

赋能有助于创业公司成功

一般来说，创业公司需要尽快渡过初创期，在战略、商业模式、业务和管理几个维度上"立"起来，最终实现爆炸式增长。除了强调自身奋斗外，创业公司总是希望得到外界的帮助，包括资金、业务、知识、信息等方面的支持。同时，为了在主营业务方面集中精力，也往往希望外部力量把后台服务承担起来，自己能够轻装上阵。因此，一部分创业公司选择入驻孵化器，谋求配套服务和环境支撑。

孵化器通常能够为创业公司提供办公空间和工商注册、代记账、人力资源代理等基础服务，部分满足了创业公司后台服务的需求。创业公司通过财务顾问或者直接与投资机构联系，引入股权投资或债权投资，在一定程度上解决了资金方面的需求。但在战略、业务和管理方面，创业团队更多地依靠自身的摸索和尝试，往往处于孤军奋战的状态，他们更需要有效的指导和沟通。

创业者此前的职业生涯往往是单一领域或单一职能，而创办公司却需要有建班子、定战略、带队伍这些比较综合的管理能力，同时需要有商业模式设计、完善商业计划、争取投资这些特殊技能。而上述能力需要结合自身实际，不断完善和发展，绝不是上一个工商管理硕士，听两堂创业课程就能一蹴而就，真正解决的。

由于集团企业与转型创业公司之间在战略、模式、业务等方面存在一定关联，又存在相对紧密的投资关系，集团企业特别是领导者多年打拼的实践经验，都是创业公司最渴求的。围绕行业布局、行业竞争策略、行业市场开拓和业务实操能力的指导，是转型创业赋能的主要内容，也是转型创业能够获得成功的加速器。

赋能有助于集团企业家成长

为创业者赋能，不仅是创业者单边得到收获，集团企业家也能够从创业者身上，了解到创新思维和创新业态，这对于集团企业家转变原有管理模式，提高投资能力，掌握新经济都大有裨益。

集团企业家出身传统产业，对新经济和新兴产业可能比较陌生。在指导转型创业公司的同时，加深了对上述领域和技术创新、商业模式创新的理解。通过构建内部创业平台，可以更为直接、更为广泛地接触新兴业态，有助于自我的知识更新。

投资的关键在于鉴别项目。在加深对新经济和新兴产业了解的基础上，集团企业家可以得到更加广阔的视野。而通过赋能创业公司，近距离地观察创业者，可以提高辨别团队能力和公司运作能力的水平。深入而广泛地接触项目，是提高投资能力的不二法门。

集团企业的转型本身也是管理模式的转型。既然赋能代表集团管理的未来，那么，通过转型创业的赋能实践，集团企业家可以从中摸索未来集团全面转型后的管理方式和管理手段。赋能转型创业公司，可以成为未来赋能全集团的试验和先导。

赋能的重点

对转型创业公司究竟赋能什么内容？是集团企业开展赋能活动之前必须考虑清楚的问题。作者认为，创新文化、创业机制和学习体系是三个主要的内容，如图 7-1 所示。

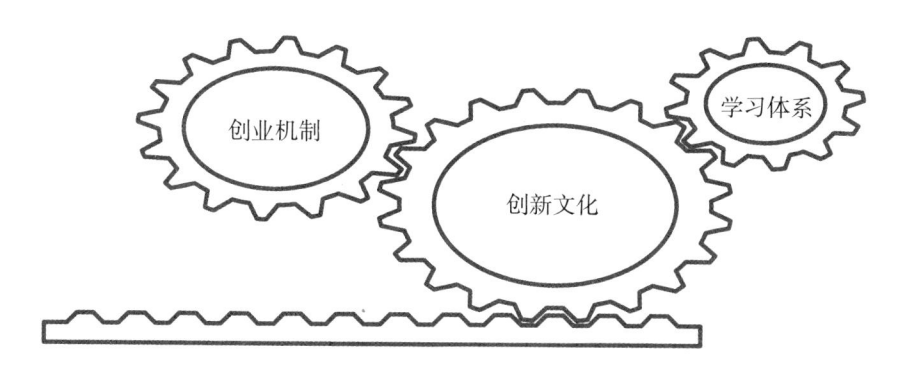

第七章 赋能：创业公司需要的工具和环境

图 7-1 对转型创业公司赋能的主要内容

创新文化

转型创业公司的起点是一项业务、技术或者创意。在获得种子轮投资后，创始人的主要精力自然投入到业务原型验证方面，希望尽快推出产品。在整个创业阶段，创始人都需要一个比较小的团队能够配合他尽快完成任务。但麻雀虽小、五脏俱全，小团队也需要有技术、产品和市场销售等必要的角色。而创始人可能擅长上述领域中的一个，很难在各个领域都具备比较充分的经验，也不容易了解各个关键角色的心态和工作方式，往往容易产生冲突和矛盾。

大部分与绩效相关的管理工具都是针对成熟企业的，初创公司的关键角色一般都是合伙人，这些工具应用的效果大打折扣。围绕创始人能否形成创新文化，达到"不用扬鞭自奋蹄"的效果，就显得尤为重要。

初创公司的创新文化，必须理解关键角色的工作习惯和方法，让他们感受到为公司成长所发挥的作用，在此基础上将之融合为整体性的创新文化，即真正通过创新实现公司的成长。

具体来说，应该强调设计师文化、工程师文化和营销经理文化及其融合，如图 7-2 所示。

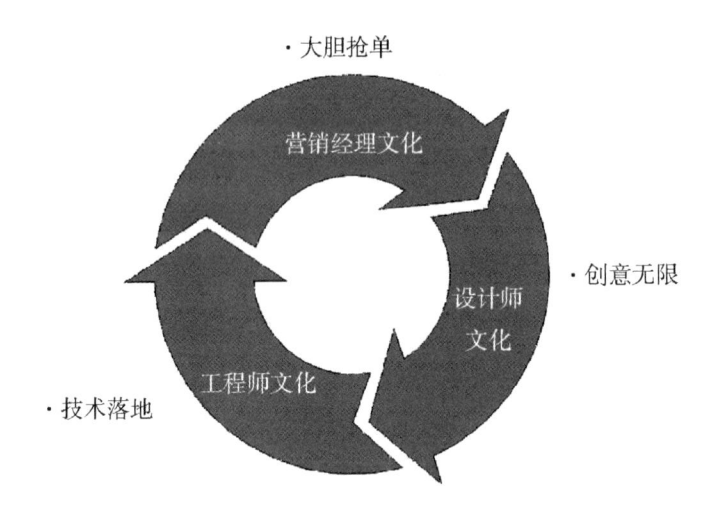

图 7-2　整体性的创新文化

设计师文化。设计师文化的核心是创意。好的商业创意一定是满足了用户需求或者引导了客户需求，充分利用公司的技术、业务资源，运用巧妙的、不为人轻易察觉的方法予以实现。产品的设计与改进，就是这一优秀创意的具体体现。公司的发展立足于产品，产品的来源是创意。公司鼓励设计师大胆想象、小心求证，提出卓越的创意，设计出领先的产品和服务。

工程师文化。工程师文化的核心是落地达成。公司的产品要通过开发、制造、编程等一系列工程活动，完成产品的落地和交付。工程师是产品和创意的具体实现者，工程技术是产品和创意达成的基石。公司鼓励工程师严谨求实，创造性地提高工艺水平，降低成本，提高运营效率，交付高水平、高质量的产品和服务。

营销经理文化。营销经理文化的核心是客户。好的产品要通过富于创意的方式传达给客户，才能完成产品向商品的转化。销售是实现收入，获得经营性现金流，创造公司价值的直接体现。公司鼓励营销经理开动脑筋，推广产品，善于打单，创造业绩。

设计师文化、工程师文化和营销经理文化虽然角色不同，但在整体上可以形成闭环，是公司创新文化的组成部分。营销经理的工作直接了解客户，是公司业务的起点和归宿；设计师的工作要反映客户的现实需求和潜在需求，是公司的灵魂；工程师的工作注重产品的落地，是公司产品交付的关键。三者必须形成紧密衔接、相互促进、共同创新的文化。

创业机制

好的机制能够促进合作，自动触发业绩；坏的机制能够引发冲突，直接破坏业绩。小团队建立好的机制，通过机制养成好的工作习惯，就能把握好公司发展的大局，形成齐抓共管的态势。创业机制的重点是股权分配机制、合伙人机制、工作协同机制。

股权分配机制。股权是创业者利益的核心体现，分配得当、调整得当，创始团队的合作就有了基础，联合创始人和公司骨干就收了心。股权分配要尊重公司的早期投资、实际贡献和发展潜力三个方面。

——尊重公司的早期投资。创业公司产生于创始人的一个创意，在创业初期，产、供、销等业务尚未开展，人、财、物等资源尚未齐备，可以说是高度风险期。早期投资更多地反映了投资人对创始团队的信任和支持，并非以控制为目的体现"资本力量"。早期资本尤为可贵，也尤其需要尊重。

—— 强调实际贡献。创业公司之所以能够走向成功，必须能够善于得到社会各界的支持与帮助。所谓"得道多助"的"道"，一方面，反映创业公司有胸怀、行正道；另一方面，也反映了创业公司内部论功行赏，有感恩之"道"，其中的核心就是按贡献体现股权。要分清三类贡献：一是扛大梁的，二是拉了车的，三是敲了鼓的。

扛大梁的持大股。公司要有一个核心，他在团队迷茫时，下最后的决定；他在团队出现纷争时，能够弥合分歧；他在公司面临危机时，一往无前，坚持到最后；他从时间、金钱、精力、机会等各方面尽了个人最大的努力，为公司下了最大的"赌注"，是公司的精神领袖和领导核心。

拉了车的持中股。在公司生存和发展的关键时期，他们发挥骨干作用；在产品、技术、销售等领域，能够独当一面；认同公司愿景，全身投入公司，是公司核心的追随者和执行者。

敲了鼓的持小股。他们虽然站在公司外围，但关注公司发展，或者为公司发展提供重要资源，或者为公司发展献计献策，是公司的支持者和帮助者。

——注重发展潜力。在公司发展的不同阶段，需要创业团队的成员展现不同的能力。某些成员限于本身素质和个性，能力提高比较缓慢；有些成员学习能力较强，能够伴随公司发展而成长。后者在经营业绩、技术能力和管理能力等方面潜力强，有韧性。同时，随着公司的发展，需要不断引入适合公司发展的人才。因此，创业公司应该在股权设置上有一定的灵活性和弹性，以满足公司发展的需要。

合伙人机制。合伙人机制也称合伙人制度。它并不是指法律意义上的合伙企业组织，而是一种公司投资机制和治理机制。

合伙人机制是一种利益分配机制。公司可以建立项目合伙人跟投机制，绑定项目业绩与项目执行者的投资收益。也可以在公司层面指定合伙人阶层，实现公司业绩挂钩的分配方式。这些做法与单边看涨期权的作用相当，但增加了看跌一边，与公司或项目业绩的挂钩更紧密。

合伙人机制也是一种治理机制。一般来说，公司会由股东大会选举董事，董事组成董事会，行使公司日常决策权能。虽然在公司董事会中，会有职工董事和少量高管进入董事会，但数量较少，董事大多来自股东代表。而合伙人机制设计中，管理层和公司骨干依照一定规则成为合伙人，既是一种身份象征，也是一种决策机制，充分体现了"让听见炮火的人指挥战斗"的意图。合伙人的话语权相对管理层大大增加。实践中，合伙人身份可以与股东身份重合，也可以适当分离，但在跟投机制方面需要相互配合。

工作协同机制。公司开展日常业务和管理，必然要有一定程度上的分工。分工意味着专业化，通过专业化来提高效率和工作深度，让专业的人干专业的事。但分工也会造成整体工作的割裂，形成"铁路警察各管一段"的问题，造成业务不连续，管理不闭环。特别是初创公司往往多采用项目制，项目与项目之间，设计、制造、交付之间容易出现脱节。这就需要建立工作协调机制。

——行动公开。在不涉及保密的情况下，各业务条线或项目小组应该主动公开自己的工作进度和具体行动，便于公司其他成员协调进度，知悉工作内容，方便提醒和补台。建立工作群是一种方便、有效的方法。

——主动沟通。重大事项和风险事项须主动提示其他合伙人或工作团队，使得重大问题产生时，不致影响其他领域的工作衔接。

——自动补台。当发现其他领域出现问题而又没有及时补救时，应主动采取措施，而不必拘泥于职责分工。前文中谷歌五个工程师提出AdWords广告搜索方案就是一个好例子。那五个工程师不是负责广告搜索业务的，但主动拿出了方案。

学习体系

创业公司需要在业务上不断探索，不断试错，一部分经验的形成和教训的积累来自创业实践；另一部分则需要从别人的实践或理论上得到给养，通过学习来实现快速成长。如果说创新文化和创业机制主要在创业公司内部形成，集团企业只能起到一个接引者的作用，那么，学习体系则可以由集团企业主导，与创业公司共同打造。

与集团内训结合，开展创业公司培训。应有专门的场合和时间，组织创业者和业务团队参加培训。这一培训主要是补充创业团队知识和信息层面的不足。创业者往往来自某个单一的业务领域，对自身专业以外的东西了解较少，特别是涉及综合管理和战略领域的知识相对欠缺。埋头于本公司的业务拓展，对外部新的方法、模式关注不够，需要不断充实外界技术和业务的新信息。这些方面需要集团企业将内部培训与创业公司培训结合起来，共享新知，分摊成本。

确定创业导师，开展创业辅导。与一般立足通识的培训不同，导师可以针对创业公司具体的、个性化的问题进行诊断和辅导。这种辅导有一定的咨询作用，但与传统的偏重繁文缛节的项目式咨询又有很大区别，可能仅需三言两语就能解决关键问题。导师辅导，往往没有特定的专业和主题，只要是创业者遇到的难点都要提供指导，对于导师的能力和素质要求比较高，需要导师有丰富的经验。

利用创业营等方式，组织创业者自学习。自学习与培训不同，在单向传播的同时，更强调双向互动。通过主办创业营，把创业者组成班级，开展同学之间的取长补短和相互交流。这种方式，一方面让创业者感到更接地气，针对性更强；另一方面也有利于创业者之间互通资源，建立业务联系。

第八章　创业生态圈

农夫种田怎样获得更大的收成？好的做法是选用已被广泛验证的良种，尽可能多地在自己的田地中种植。在种植的过程中，根据专家的意见和自身的经验，为作物提供水、肥料，搞好田间管理和病虫害的防治。其中有两个关键认知：一是确定性。农夫要掌握这一作物的种植方法，确定地知道运用方法带来的结果。二是一致性。在种植过程中，广泛地、坚定不移地应用上述方法，直至最终获得收获。

但当我们不能明确知道哪些作物会取得高产，也不知道这些作物的种植经验的时候，上述做法就不可取了。我们面对的问题是不确定性。如何将不确定性转化为确定性呢？

我们需要更多的样本，更多的生物基因。需要从多样性中进行试验和分辨，逐步获得优良的作物种子，逐步形成种植经验。而生物的多样性需要一个更为广泛的生态，在这种生态中，存在很多我们知道和不知道的因素，这些因素相互作用、相互制约、动态平衡。在这种生态给养下，新物种得以恣意成长。

创业创新也是这样。生态圈就是创业公司的热带雨林。集团企业要想在转型创业中有所作为，应该积极帮助创业公司打造生态圈。在创业生态圈中，我们聚合创意、技术、团队、资本和业务资源，通过这些要素的相互作用和孕育，实现种种创新。

生态圈的作用和组成

1994年，美国堪萨斯大学计算机科学与工程系有一对夫妻教授约翰·高赫和苏珊·高赫，他们发明了一项元搜索技术。他们决定用大学研究基金中的15000美元启动一个名为搜索引擎的项目，并成立了ProFusion公司。开始时，他们把搜索引擎部署在大学一台普通的共享服务器上。截至1995年，每月用户达到了30万人，他们不得不迁移到专门的服务器上。截至1996年，每月都有100万用户。我们知道，1998年，拉里·佩奇和谢尔盖·布林才开始创办谷歌，有一段时间ProFusion比谷歌更加出名。

ProFusion没有取得商业成功。惨淡经营几年后，高赫夫妇仅仅得到10万美元，后来，ProFusion与其他公司合并。苏珊回忆说："在堪萨斯州工作，我们距离工业界很远，很长时间内都不被认为是一个公司。我们无法让那些合约落地，也无法让大公司或者投资商相信并依赖我们。"[①]

创业，既可以看成是研发、设计、制造、销售一系列活动的组织过程，也可以看成是从无到有，从0到1的企业的发展过程，也是一个聚合技术、商务、资金、人才等各种资源的集合体。ProFusion，起步于高赫夫妇的天才发明，但未能有效聚合创业过程中必不可少的资本、人才和商务资源，难免在经营中落败。

反观谷歌，创业伊始，拉里·佩奇和谢尔盖·布林在对商业计划一无所知的情况下就从斯坦福校友、思科公司副总裁贝托尔斯海姆那里顺利地拿到了第一笔投资10万美元。1999年年中，风险投资家Kleiner Perkins和Sequoia Capital向谷歌注入了2500万美元的资金，帮助谷歌进入了一个崭新的发展阶段。2001年，先后担任Sun和Novell两家知名公司CEO的埃里克·施密特加盟谷歌并担任首席执行官，埃里克与两位创始人一起共同负责谷歌的日常运作。谷歌后来居上，直到成长为

[①] 维克多·黄等. 硅谷生态圈——创新的雨林法则 [M]. 诸葛越, 等译. 北京：机械工业出版社，2015：24.

互联网企业的领袖,和谷歌地处硅谷,享受硅谷生态圈支持有很大关系。

生态圈对创业的作用真的很大吗?为什么要用生态圈的方式为创业公司提供资源?

核心问题来自获取创业资源的效率和成本。

维克多·黄和格雷格·霍洛维茨运用科斯的交易成本理论对这一问题进行了深入的阐述。他们认为以生态圈为代表的"雨林系统"是一个"虚拟的科斯系统""一个群体就是一个区域的人或者公司在一起工作……这些关系将带来更低的交易成本,能够节约交易成本的原因是这些人关系更密切、沟通更容易、相互信任。他们无须对交易条款进行再次谈判,彼此之间的信任充当了一种非正式的合约"。

也就是说,生态圈是一个相当于公司那样能够比普通市场节约交易成本的非正式组织。这一非正式组织能够创造出低于市场的交易成本的内部成本。

维克多·黄和格雷格·霍洛维茨认为,由地理位置、网络、文化、语言和不信任所导致的社交壁垒,随之产生的交易成本将把有价值的关系扼杀在摇篮之中。[1] 因此,生态圈克服了地理位置和距离的阻隔,建立了打破原有社会圈子的创业人际圈子,统一了文化和语言的差异,最重要的是建立了彼此合作的信任。

活跃在北京的溪山天使会就是这样一个生态圈。溪山天使会脱胎于溪山读书会,原为读书和知识分享的一个非正式组织。通过一段时间的交流活动,彼此产生了一定的信任关系。读书会的部分会员发起了溪山天使会,以"合投众推、互助创业"为主题模式,开始发展会员式天使投资。

---

[1] 维克多·黄等. 硅谷生态圈——创新的雨林法则 [M]. 诸葛越, 等译. 北京: 机械工业出版社, 2015: 42.

"众推"指由会员向天使会推荐创业项目。会员推荐项目，解决了项目来源的可靠性问题，目的是杜绝骗子类项目。"合投"指由有意愿的会员共同投资项目，解决了集合资金和共同判断项目质量的问题。推荐项目者作为领投人，其他会员作为跟投人，一些项目还配有导师，负责指导创业者。通过溪山天使会这样一个组织形式，较好地解决了创业的聚合资源问题。在成立后的短短两年时间，投资了27个创业项目，涉及人工智能、无人驾驶、汽车后市场、知识产权服务、智能硬件、互联网教育、医疗健康、互联网金融等多个领域。

一般来说，创业生态圈由以下参加者组成。

创业者。创业者是生态圈资源的需求方。在创业过程中，创业者时时刻刻需要能够帮助其成长的各种资源。这些资源既包括资金、技术、人才等有形的资源，也包括商业网络、商务关系等无形的资源，还包括行业专家、管理专家和其他创业者等智力资源。创业者虽然总在投资人或合作伙伴面前展现自身的强大和胸有成竹，但内心经常感到孤独和无助。缺乏资源、渴求资源是创业者的常态。

资源组织者。资源组织者是生态圈中的活跃分子。他们的长项之一在于能够迅速围绕创业者勾画出一个资源的架构或者组合，有时，甚至创业者还没有考虑到这一步。另一个长项是有效地围绕这个架构连接到相关的资源，直至这些资源与创业者对接成功。他们可能比创业者更懂创业，比资源拥有者更了解资源。

资源组织者大体上包括交易活动组织者、创业公司撮合者、财务顾问三种类型。

——交易活动组织者。他们以各种投资俱乐部、创业咖啡、孵化器等为依托，开展与创业相关的分享、路演、交流活动，大部分人本身就是这些场地的主人。他们通过组织形形色色的活动，逐渐聚拢特定的人群，让创业者通过参加这些活动获得所需的资源。他们实际上是在搭建一个创业资源平台。

——创业公司撮合者。这是一类比较特殊的人士,他们会帮助创业者搭建成立公司的关键资源结构,包括帮助创始人找到天使投资人,找到创业团队的联合创始人,找到骨干职业经理人。有的甚至说服有创业潜力的人出来创业,成了真正意义的"后台创始人"。这些人有超出常人的敏锐眼光,直接掌握创业的关键资源,最擅长捕捉"风口",本身往往就是独立天使投资人。

——财务顾问。"财务顾问"在中国已经成了一个内容非常广泛的业务称谓,在本书中,专指帮助创业公司早期融资的机构。他们主要集中于投融资的撮合及其相关服务,本身并不是投资机构。他们会为有资金需求的创业公司组织 A 轮、B 轮、C 轮等融资,由于创业公司往往资金需求比较大,单个基金也会出于分散投资的考虑,参与财务顾问组织的多个基金联合投资。

资源拥有者。资源拥有者是创业资源的提供方。他们或是专注于创业相关的业务,本身就需要寻找创业者,并以自身资源换取商业价值;或是本身并不从事创业相关的业务,但由于既往的经历和目前的工作,使得其掌握创业所需的资源。前者可以说是专业的资源拥有者,后者可以算是业余的资源拥有者。资源拥有者主要包括企业服务资源提供者、商业资源提供者、创业投资人和专家。

——企业服务资源提供者。企业服务资源是指从事空间服务、工商服务、财务服务、专利服务等业务的专业公司和律师、会计师事务所等。这些服务大都是创业公司的"刚需",而创业公司成立之初规模不大,自己直接从事上述业务不划算,需要通过专业服务商满足共享需求。目前,国内的众创空间和孵化器都在出租办公空间,提供类似服务。也有一些为专业的企业服务公司提供某一领域的专业服务。

——商业资源提供者。商业资源是指供应商、销售渠道、仓储物流等围绕创业公司主营业务的相关资源。这类商业资源提供者有的是一些以创业公司为目标客户的专业厂商或第三方公司；有的则并不以创业公司为客户，但其产品或服务恰能满足创业公司的一时之需。后者往往不过多强调利润，带有帮忙性质。

——创业投资人。包括天使投资人和创投基金。主要为创业公司提供股权性融资，其中一部分也会根据自身禀赋，为创业公司带来商业资源和企业服务资源。天使投资人以自然人为主，主要投资于种子轮、天使轮的创业公司。创投基金是机构投资者，他们偏重于投资 A 轮、B 轮的项目。

——专家。这里所说的专家与企业服务资源提供者中的执业会计师、律师不同，他们往往是有科技专长、管理专长的学者和行业专家。他们一般不以创业公司为主要业务对象，但其专长和经验对创业公司常常具有意想不到的价值。

转型创业生态圈的策略

集团企业自身具有创业公司不可或缺的资源，但保持资源的开放性，通过建设生态圈为创业公司引入更多资源依然十分必要。除了获取更丰富的资源外，集团企业建设创业生态圈还有以下几点好处。

创业生态圈可以为集团企业吸引更多的创业项目。创业者是创业生态圈的组成部分，同时也是资源的需求方。好的生态圈对于优秀的创业公司具有强大的吸引力。俗话说，没有梧桐树，引不来金凤凰。生态圈就是吸引创业项目的"梧桐树"。

集团企业可以与创业公司共享生态圈资源。集团企业虽然具有比较多的商业资源，但由于生态圈总的来说是"眼睛"向外，可以为集团企业带来更多的商业资源，这些资源能促进集团企业传统业务的开展。

另外，生态圈吸引来的专家等优质智力资源，更能为集团企业转换经营管理思路、提供新技术提供帮助。

创业生态圈和赋能平台结合，可以推动集团企业转型步伐。传统企业之所以需要转型，反映在技术、业务和产品上，背后隐藏的是经营管理问题，根子在文化和观念。一个敢于接受新事物、愿意接受新事物、积极接受新事物的企业，转型一直在路上，风险不会集中，是不必畏惧转型的。因此，把创业生态圈和赋能平台相结合，让集团内部特别是领导层得到新知识、新做法、新技术的启迪，是创业生态圈的间接收获。

集团企业怎样搭建创业生态圈？本书从以下四方面进行分析。

建立信任文化

生态圈之所以能够形成，必须打破参与者原有的机构、社区、地域等社会圈子，建立一个围绕创业的新的圈子。建立这样一个新的圈子的关键在于成员之间建立信任。具体可以参考如下策略。

——身份识别。可以设置明确的成员身份，并以会员和观察员相区别。会员可以充分表达意见，享有生态圈中的所有服务，参与生态圈的所有活动。同时，承担相应的义务，贡献一定的精力为其他成员提供服务或组织一定数量的活动。会员产生应由多名会员推荐，会员大会通过，且以观察员身份参加过一定数量的活动。目的是使成员珍惜和重视会员身份，鼓励其更多参与活动，为成员之间建立信任关系奠定基础。

——长期参与。信任，与成员参与活动的多寡、时间正相关。因此要尽可能鼓励成员多露面、多挑头。安排部分具有广泛性的活动，让成员更多地了解对方。鼓励成员组织小范围活动，并为其提供人员、场地等支持。鼓励在备案前提下的兴趣小组活动，进一步增进沟通。

——敞开心扉。倡导成员通过知识、经验、技能等多种方式进行分享，通过讲真话、讲自己、讲经验，促进成员之间的了解。

不断完善、形成共识

生态圈的共识是信任的基础，也是成功的保证。

——用规则反映共识。一些共识以组织的习惯、沟通方式等非正式形式表达出来；而另一些共识，则需要以规则方式表达出来，便于成员加深理解，也便于新成员尽快融入。有仪式感的规则，可以收到意想不到的效果。

——要考虑有利于生态圈持续发展的基本内容。有关公平交易、诚信、隐私权等方面应该纳入规则之中，以弘扬有付出即有回报，不干涉成员个人隐私，讲求实事求是等良好风格。

——规则应根据生态圈发展的深度不断修订、完善和补充。

提倡多样性

多样性是生态圈的本质要求，也是生态圈发挥网络效应，不断生长的关键。生态圈的多样性主要体现在以下三个方面。

——成员多样性。生态圈首先是一个人际组织，成员多样性决定了生态圈的质量。正如本章前文所述，生态圈成员主要由创业者、资源组织者和资源拥有者组成，资源组织者又可细分为交易活动组织者、创业公司撮合者和财务顾问三种人，资源拥有者亦可细分为企业服务资源提供者、商业资源提供者、创业投资人和专家四类。从职业身份上，可以是企业家、投资人、专业人士等不同身份。多种功能、多种身份的成员经过各种活动的活动交流，达到参与创业、支持创业、服务创业、投资产业的目的。

——资源多样性。创业公司需要的资源涉及面广，就要求生态圈有十分多样的资源。人、财、物、技术、商业网络等各种有形无形的资源，均可以通过生态圈获得。同时，这些资源经过叠加、联合、重组，形成更为复杂、更为多样的资源，更好地服务于创业。

——交流活动的多样性。交流活动是生态圈的基本形式，交流活动的多样性能够促进生态圈发挥网络效应，不断产生新的服务与沟通，增强生态圈的吸引力、影响力，进一步促进成员多样性和资源多样性。

强调公共服务

生态圈应该更多地依靠自组织、自学习和自增长，但仍需要公共服务作为有益补充。特别是在生态圈成立初期，公共服务的作用更为明显，也更为必要。

集团企业在公共服务方面应该发挥主导作用。主要表现在以下三个方面。

——提供生态圈活动的场所和基本功能。集团企业应发挥集团内部设施多、人员力量强的优势，解决生态圈因成员分散而导致的公共服务不足问题，对提升企业知名度和影响力好处多多。

——组织生态圈公共活动。生态圈的一些专项、小型、私密性的活动，宜由成员组织开展；相对综合、大型、公开性的活动，宜由集团企业牵头组织。组织生态圈公共活动，有助于凝聚人心，扩大宣传，收到增强成员自豪感、荣耀感的作用。

——负责生态圈的组织工作。集团企业的相关部门可以作为生态圈的秘书机构或办事机构，承担生态圈的会员发展、身份认证、分支机构审核备案、交流活动备案等组织工作。

第九章　商业化创新

转型创业方法的要点是在集团企业形成一种体制——积极投资人体制，构造出一种组织——创业公司，用以支持以创新为主要内容的转型。从职能的角度看，创业公司是创新的先锋和具体实施者，集团公司是创新的后盾和支持者，双方都需要形成创新认知。

在本书的第二章，我们已经对创新的方向和领域进行了探讨，在本章中，我们将描绘一个有关创新的全景视图，并从创新模式和创新思维角度，深入探讨创新，特别是商业化创新的方法。

从创新到商业化创新

人类之所以能成为万物灵长，创新是关键要素。创新气象万千，无所不在，却又难觅宗派，难寻脉络。

两类创新

1665年8月至1667年2月被科学史称为牛顿的"大奇迹年"。

24岁的牛顿取得的学术成就让人瞠目结舌。首先是创立了微积分，以此为分界线，人类之前研究常量与匀变量的数学成果被称为"初等数学"，微积分等研究非匀变量的数学成果被称为"高等数学"。其次是万有引力定律的发现。万有引力的发现，把地面上的物体运动的规律和天体运动的规律统一了起来，第一次揭示了自然界中的一种基本相互作用的规律，在人类认识自然的历史上树立了一座里程碑。最后是牛顿通过光的色散实验,揭示了光的本性。任何一位科学家,如果一生中能取得这三个成果中的任何一项,都能在科学史上不朽,而牛顿一年内以一己之力将三大成果揽入怀中。当然,也把自己一生的主要成就完成了。作为一位伟大的科学家,牛顿在此之后虽然还取得了一些成果,但那些成果与这三大成果相比只是对科学大厦的一些小修小补或者是归纳总结而已。类似情况也发生在爱因斯坦身上。

1905年,26岁的爱因斯坦,大学毕业已经5年,在瑞士专利局工作。他利用业余时间,在一年之中发表了5篇划时代的物理学论文,创造了科学史上的一大奇迹。其中,最重要的是创立狭义相对论的"论动体的电动力学"和"物体的惯性同它所含的能量有关吗"。一年之内,爱因斯坦在布朗运动、量子论和狭义相对论这三个方面都做出了开创性的贡献,凭借这些贡献中的任何一个,他都足以赢得诺贝尔奖。

我们知道,规律和方法必须要有一定的普遍性。如果只对少数人起作用而对大多数人没有作用,或者对人的短暂时间起作用而对大部分时间不起作用,规律就很难总结,方法可能并不存在。不幸的是,许多创新都表现得不可捉摸,反映出不确定性。牛顿和爱因斯坦无疑是各自时代的翘楚,他们的创新所产生的影响要远远超过同时代的其他科学家,而他们在各自的奇迹年取得的创新成果也远远超过各自生命中的其他年。这样看来,创新似乎没有规律和方法。

人类创新史上另外一些著名的例子,则大相径庭。比如,瓦特改良蒸汽机。

瓦特出生在一个工匠世家,自幼心灵手巧、勤奋好学,十几岁就成了当地著名的工匠。有一次,英国格拉斯哥大学的教授们看上了他的手艺,请他去大学里开了一家仪器店。后来,格拉斯哥大学任命瓦特为其正式"数学仪器制造师",并在校园里安排了一个车间,专门给大学制造和维修各种教学仪器。

格拉斯哥大学有一台纽科门蒸汽机。当时,这种蒸汽机已经在英国煤矿中投入使用,解决了从矿井下面往上抽积水的难题,不过效率很低。正是在格拉斯哥大学,瓦特第一次接触到了蒸汽机。他意识到这种机器的巨大前景。经过一系列灵感迸发和辛苦努力,瓦特终于在实验室中制成了新型蒸汽机的模型。

格拉斯哥大学还有一位布莱克教授,是热力学中潜热理论的提出者。这一理论正是瓦特改良蒸汽机的关键所在。瓦特在研制过程中得到了布莱克教授的悉心帮助。布莱克教授不但在理论上指导瓦特,而且直接出钱资助,然后又说服了富商罗巴克投资瓦特蒸汽机的工业化试验。后来罗巴克遇到了经济困境,又介绍工厂主博尔顿继续投资,博尔顿收购了罗巴克在蒸汽机项目中的股份,成了新的投资人。

1776年3月,瓦特和博尔顿公开展示了他们制造的大型蒸汽机。和纽科门蒸汽机相比,瓦特蒸汽机的耗煤量只有1/3,而且操作更加简便,功率也大得多。大量订单随之而来,蒸汽机的时代真正开始了。从1763年瓦特第一次见到纽科门蒸汽机,到1776年第一批新型蒸汽机制造成功并应用于实际生产,整整过去了14年。

读者们可能已经发现,瓦特这类创新与牛顿、爱因斯坦的创新区别很大。最鲜明的一点,瓦特的创新一直围绕商业化的目的,而牛顿、爱因斯坦的创新并非出自商业化目的。商业化的创新是有规律和方法可循的。

商业化创新的特点

一般来说,商业化创新具有如下特点。

以市场需求为起点。商业化创新的目的是经济性,所以,必须和市场需求紧密联系。市场不接受,经济性目的就没有实现,商业化创新则不能完成。我们曾经听到的故事说的是小瓦特受到开水壶启发终于发明了蒸汽机，把好奇心当作一项商业化创新的起点和动力，这就难免归于笑谈了。准确地说，瓦特是改良了蒸汽机。实际上早在古希腊时代，大数学家希罗已经认识到蒸汽的作用，于公元1世纪发明了汽转球（如图9-1所示）。在瓦特那个时代，纽科门蒸汽机也已经投入了商业化应用。一方面是工业化时代开始后，各行各业对机械动力有了强劲的需求，另一方面是传统的蒸汽机效率太低、成本太高，应用受到限制。瓦特正是在蒸汽机巨大市场需求的鼓舞下，才始终不渝地开发出了能力更为高效、应用更为广泛的蒸汽机。

图9-1　希罗和他发明的汽转球

不断改进。商业化创新不可能一蹴而就，为了达到客户使用的满意效果，往往要经历长期的改进和完善。特别是对于颠覆性创新的技术和产品，其性能、质量等甚至不如传统技术和产品。比如，刚刚面世的火车，不如马车跑得快；刚刚列装军队的火枪，射速和准确性不如弓箭。停止改进，创新就不可能得到真正的商业化应用，也就不可能战胜老技术、老产品，最终脱颖而出。

瓦特用长达14年的时间开发出新型蒸汽机，其间，进行了多次改良。在研究纽科门蒸汽机时，瓦特发现效率低的原因是活塞每推动一次，气缸里的蒸汽都要先冷凝，然后再加热，蒸汽80%的热量都耗费

141

在维持气缸的温度上面。瓦特采用将冷凝器与气缸分离的办法，使得气缸温度可以持续维持在注入的蒸汽的温度。后来，又采用曲柄齿轮传动系统，将蒸汽机的直线往复运动转化为圆周运动，以便使蒸汽机能为绝大多数机器提供动力。正是这些改进，让瓦特蒸汽机引领了工业时代。

尽可能集成与利用现有成果。商业化创新不是为了满足自己探索未知世界的兴趣，用最小的投入，恰逢其时地完成一项被市场接受的重大创新才是成功的关键。因此，要以海纳百川的心态，尽可能集成与整合最适宜的技术和成果，达成创新。

瓦特也是这样做的。当时，新型蒸汽机制造的一个主要困难在于活塞与大型气缸的密合，而约翰·威尔金森（John Wilkinson）在改进加农炮的制造时提出了一种新的精密镗孔加工技术，瓦特把这一技术用于蒸汽机的制造，解决了技术难题。活塞运动的另一个难题是选用何种材料，这种材料既要求能够密闭，又要求能够滑动，还要耐高温。瓦特应用了来自美洲的新材料——橡胶（1840年实用橡胶得以工业化），很好地解决了材料问题。我们常说的集成创新，其实是一切商业化创新的核心思维。

创新要素聚合。商业化创新需要多种要素的聚合，善用资源更容易成功。这些资源既包括创新者自身的禀赋，也包括从外部环境中获取的知识、资金、实验设施等。商业化创新最忌仅凭一己之力，关起门来搞研究，要秉持开放心态，善于从外部环境中得到给养。

瓦特在开发蒸汽机的过程中就非常善于利用资源。开发蒸汽机要投入上千英镑，瓦特自己根本拿不出这么多钱，只能去找投资。布莱克教授先是自己掏出了一些钱，然后又把瓦特的项目介绍给富商罗巴克。罗巴克不但替瓦特偿还了1000英镑的债务，还提供了后续的研发资金。之后，英国爆发了严重的经济危机，投资者罗巴克也破产了。罗巴克就把瓦特研制蒸汽机的进展，告诉了自己的生意伙伴博尔顿，在瓦特的一再恳求之下,博尔顿收购了罗巴克在蒸汽机项目中的股份,成了新的投资人。

瓦特不但得到了多个投资人的资金,还得到了布莱克教授在热能理论方面的支持。到了工业化阶段,博尔顿的工厂又为他的研究提供了很好的实验环境。这些要素的聚合和资源的导入共同帮助瓦特改良了当时最先进的蒸汽机。

突破临界点。成功的商业化创新成果必须得到市场认可,而市场认可的创新需要与以往有显著的不同。因此,只有持续改进和不懈努力还不够,必须在产品、技术和商业模式等方面实现由"量"的积累到"质"的提升。

瓦特在14年的改进中,小的改良比比皆是。但直到1776年3月,瓦特和博尔顿公开展示了他们制造的大型蒸汽机。被邀请来参观的矿主、科学家、工厂主亲眼看见了这个前所未有的巨大机器的运转。瓦特的一系列改良使蒸汽机的效率至少提高了4倍。这就使瓦特的蒸汽机与以往其他蒸汽机明显区别开来,获得了市场上的巨大成功。如果说原来的蒸汽机只能在一些特定领域进行小范围应用的话,瓦特的蒸汽机可以充当工业各个领域的动力来源,实现了应用广泛性和技术高效性的完美结合。

创新的商业化解析

至此,我们可以把创新进行分类,并分析非商业化创新到商业化创新的路径转换。

按照创新的内容,作者把创新分为思想创新、制度创新、技术创新和实物创新四类,如图9-2所示。

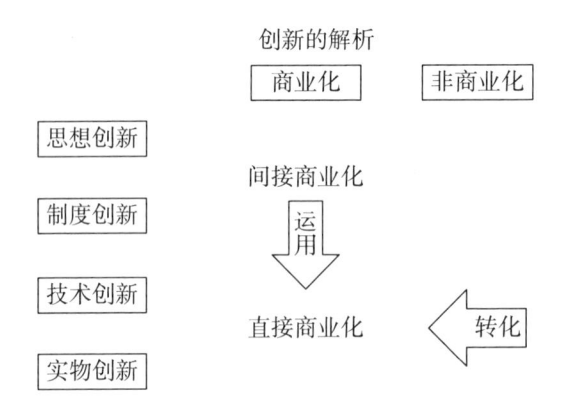

```
          创新的解析
        商业化    非商业化

思想创新
           间接商业化
制度创新      ↓运用

技术创新   直接商业化  ⇐ 转化

实物创新
```

图 9-2 创新的内容

思想创新是指在科学、哲学、文化等方面提出的理论、观点，其结果表现为人类在认识方面的进展与突破。牛顿的万有引力定律、爱因斯坦的相对论都属于此类范畴。

制度创新是指社会政治、经济和管理等制度的革新，包括人们行为和相互关系的规则的变更、组织与其外部环境相互关系的变更，其结果表现为激发人们的创造性和积极性。社会制度、法律、管理模式都属于此类范畴。

技术创新是指生产技术的创新，包括开发新技术，或者将已有的技术进行应用创新，其结果表现为人类改造自然的方法和能力的提高。瓦特有关蒸汽机的一系列技术改进属于此类范畴。

实物创新是指发明或开发出新的用品、实物，引领或满足人们新的生产、生活需求。瓦特开发出的新型蒸汽机是实物创新，我们所知道的有实物载体的各类发明创造都属于此类范畴。

按照创新是否用于商业应用，又可以把创新分为商业化创新和非商业化创新两类。

商业化创新是指既有商业目的，又通过商业实践得以完成的创新活动。商业化创新和企业的经营管理紧密结合，是企业转型升级的重要内容。非商业化创新是指虽有益于社会，但创新并不或者尚未产生商业价值。

一般来说，思想创新不能直接产生商业化成果，而制度创新、技术创新和实物创新可能直接产生商业化成果。因而，制度创新、技术创新和实物创新中的一部分可以归入商业化创新。比如，企业的组织创新、技术创新和产品创新，就属于直接商业化创新。而思想创新中的一部分，如果通过商业化运用，则可以间接产生商业化效果。比如，万有引力定律产生的运动和力的方法，可以运用到企业的技术创新和产品创新中，就是一种间接的商业化创新。

制度创新、技术创新和实物创新中的另外一部分，由于创新的目的、初衷不同，或者没有反映市场需求，即归入非商业化创新一类。但当我们将此类成果进行转化，挖掘其中的市场需求，与企业的生产经营很好结合，就可以转化为商业化创新。

综上所述，间接商业化创新可以运用为直接商业化创新，非商业化创新可以转化为商业化创新。"运用"和"转化"是我们在进行商业化创新中需要着力研究和考虑的重点。

商业化创新的系统性、程度和领域

为了更好地理解商业化创新的要旨，我们有必要对商业化创新进行多维度的分析，从不同侧面来体会其内涵，如图9-3所示。

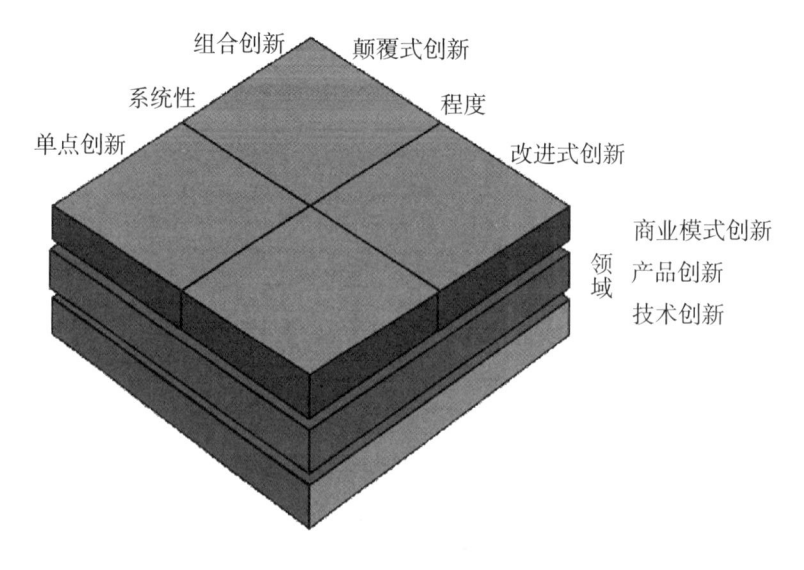

图 9-3　商业化创新的多维度分析

首先，按照商业化创新的领域，我们把商业化创新分为商业模式创新、产品创新和技术创新三个部分。

其次，按照商业化创新的系统性，我们把商业化创新分为单点创新和组合创新两部分。

最后，按照商业化创新的程度，我们把商业化创新分为改进式创新和颠覆式创新两部分。

商业化创新的领域、程度和系统性，较为全面地反映了商业化创新的重要内容、对商业活动的影响大小和创新的要素构成。在本节中，我们将主要沿着商业化创新的领域展开。在论及"产品创新"部分时，探讨"程度"，即改进式创新和颠覆式创新相结合。在论及"技术创新"部分时，探讨"系统性"，即如何把单点创新和组合创新相结合。

商业化创新的领域十分丰富，涉及企业研发、运营和经营管理的方方面面。其中，技术创新和产品创新是商业化创新永恒的主题，商业模式创新在今天这个时代有着特殊的含义。

第九章　商业化创新

商业模式创新

商业模式的定义很多，概念五花八门，但核心含义是企业通过一组系统性的商业做法来实现自身价值。作者认为，商业模式由围绕企业价值定位的获客模式、运营模式和盈利模式构成。即明确企业依靠什么实现价值，通过何种方式获得客户，如何组织产品、服务等运营活动，怎样实现盈利的一系列系统性活动。按照这个意义延伸，商业模式创新就是在价值定位、运营模式、获客模式和盈利模式领域的创新性设计和交付，如图9-4所示。

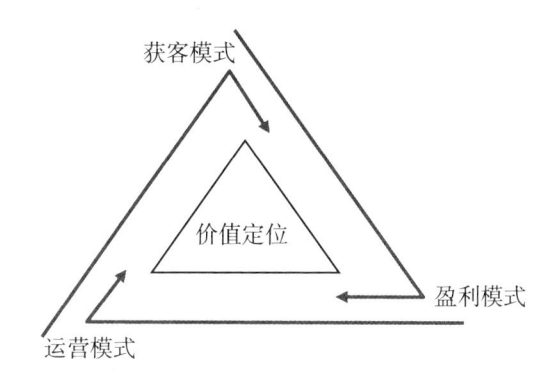

图9-4　商业模式的定义

商业模式本来是管理学的重要研究对象之一，早在20世纪50年代就已经被提出，但直到90年代后期才开始被广泛使用和传播，并成为挂在创业者和风险投资者嘴边的一个名词。90年代以前，业界更多谈到的是战略；2000年以后，取而代之的是商业模式。商业模式出现的频率已经超过了战略。

为什么商业模式创新在今天这个时代有着特殊的含义？

在农业时代—工业时代—互联网时代的每一次转换期，商业模式都会在一定阶段发挥重大作用。商业模式，归根到底是做生意的方式，每一个时代的转换期自然会涌现出各种各样的生意方式，即进入了商业模式的创新期。随着这个产业时代进入稳定期，风起云涌的商业模式也经过大浪淘沙，形成若干稳定的商业模式，大规模的商业模式创新于是告一段落。在参与市场各主体商业模式相差不大的情况下，企业要想胜出就不得不依靠竞争战略。也就是说，做生意的方式大家差不多，拼的就是谁先闯进了一个未被别人看中的领地，谁先抢占了制高点，谁先降价开始清场等，这个时候，战略的重要性开始上升，商业模式反而不再受到关注。

从20世纪90年代末开始，互联网开始深入社会生活，从产业经济的角度，我们进入了互联网时代。互联网改变了我们的连接方式和信息处理方式，做生意的方式自然也就开始丰富多彩。包括前文讲得比较多的平台模式、共享模式等，无不是由于连接能力增强而产生的新的商业模式。试想，如果不是连接能力增强，我们怎么能方便地利用平台进行社交、贸易和互动？又怎么能把千千万万分散资源通过千千万万个个体进行共享？

价值定位。互联网时代还形成了新的价值观，对社会文化和生活态度也产生了深刻影响。互联网倡导"平等、开放"的价值观，在消费文化和习惯上已经反映出来。除了在工业向互联网转型这种时代变化造成的影响外，中国近20年来经济社会的高速发展，也带来营商环境的剧烈变化，如中产阶级的迅速崛起、商业阶层的价值取向等，都为通过价值创新定位创造了机遇。一些企业敏锐地发现了这一变化，率先调整了价值主张和价值定位，进而创新了商业模式。

如家酒店就围绕价值定位重新进行了商业模式设计。如家发现一星、二星酒店在经营要素的分布上比较平均，包括餐饮设施、大堂设计、客房家具及设施、床位质量、卫生条件、客房安静程度等，没有显著差异。普通的二星酒店与一星酒店相比，除了相对水平有所提高外，经营要素分布方面差距很小。

于是，如家将一些非关键要素的价值水平拉低，而将另外一些关键要素的价值水平提高。具体来说，把床位质量、卫生条件和客房安静程度提高到二星酒店的标准，而把餐饮设施、大堂设计、客房大小等降低到甚至低于一星酒店的水平（如图9-5所示）。这种价值定位的出发点是对于短时商旅人士而言，对空间大小、设施是否周全等要求不高，但对整洁、卫生、安静要求更高。

价值定位的变化自然带来了获客模式、运营模式和盈利模式的变化。如家酒店比其他酒店更重视商旅人群、会员制和网上获客，更强调通过简化服务提高运营的效率，更倾向于采取相对便宜的定价。

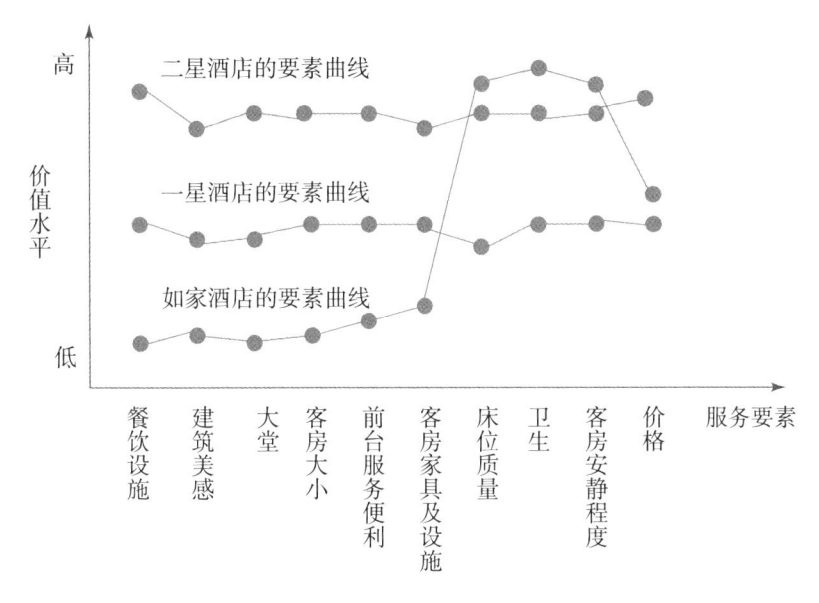

图9-5　如家酒店的价值定位

运营模式。运营模式创新的目的是提升效率、降低成本和改善客户体验，往往与运营技术的改善息息相关。传统意义上讲，运营模式是一个企业从采购、制造到交付这样一个链条实现价值的过程和方式。在虚拟运营、外包和生态圈大行其道的今天，运营模式更多地反映企业间及利益相关者之间的协作，即通过生态圈完成整个运营活动的方式、方法。这种协作的核心是利益的共享和业务平台的搭建，如图9-6所示。

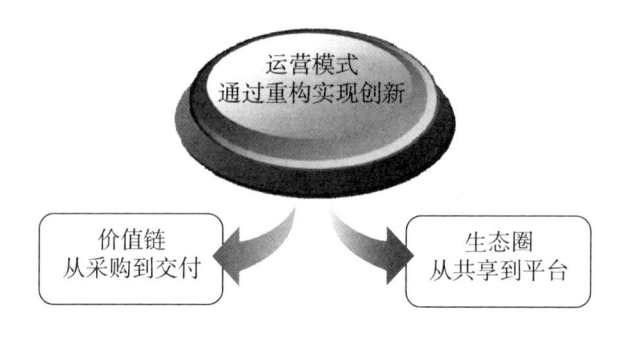

图9-6 运营模式创新的两个展开方向

21世纪初开始，席卷整个中国餐饮界的连锁模式就是通过重构价值链，实现运营模式创新的鲜明例子。连锁模式通过一致性的品牌、一致性产品和一致性的体验，满足了中国消费者不断强化的快节奏生活习惯，同时，比较容易实现快速复制和规模扩张，体现了标准化、规模化的工业精神。

连锁模式需要门店选址拓展、品牌推广等多方面的技能，但其中运营模式的构建无疑是关键。其基本逻辑是将原来属于一家餐馆的职能进行切分，把销售食品、简单加热、桌前服务等保留在门店现场，而将生食加工、仓储等分离出来，集中到中央工厂，并由中央工厂加工后向门店配送。

这样做的好处有三点：第一，食品加工可以通过中央工厂实现专业化、标准化、规模化，大幅提高效率；第二，门店保留了相对难以标准化的服务环节，但减小了后厨加工的技术门槛，门店扩张就比较容易；第三，门店一般在城区，租金成本较高，而中央工厂可以部署在郊区，租金成本更低。

运营模式创新更多的情况来自技术与模式的协同创新。红领集团是山东省青岛市的一家大型服装企业，在我们这个服装大国，过去一直默默无闻。近年来红领服饰却声名鹊起，正是由于它从传统的大规模生产模式转型为大规模客户定制模式。红领开发了独有的信息系统，结合了基于云计算的大数据应用，可以根据客户自己的需求和爱好，提出服装的样式、花色和多种面料选择，提供个性化定制。这种运营模式把工业生产的规模化和定制的个性化结合起来，实现了客户高满意度前提下的低成本和高效率。

红岭的数据库现在拥有 6 亿多个人体版型数据，这些数据都来自客户，而每位客户在完成自身服装定制的基础上，也在不断丰富着红岭的数据库，从而使未来个人的服装定制更加精准。传统模式下，从服装下订单到生产交付通常需要 3~6 个月的时间，而红领通过设计、制造、物流等供应链的整合，有效提高了制造体系的整体效率，7 天就可以交付服装。

电信行业是一个增长快、变化也快的行业。在发展初期，用户基数很低，带来的收入也很低，而电信运营商却不得不投入大量资金，用以满足客户从基础通话到高端数据服务的所有需求。印度的巴蒂电信，开创了一种全新的运营模式，跨越了这一难题。巴蒂电信的所有者米塔尔把整个电信运营系统外包给专业公司，信息管理系统交给 IBM，电信网络建设交给西门子，巴蒂电信则按用户实际资费向 IBM 和西门子付费。这样，米塔尔就创造性地把巨额固定资产投资变成了基于资费收入的变动成本。最具创新性的元素在于它彻底改变了电信行业资本密集的特点，极大地降低了对运营商初始投资的要求，从而使公司有效摆脱了资金限制，得以快速扩张。在这个模式中，系统及设备供应商必须参与投资和系统运营，与运营商互利共赢，荣辱与共。双方必须实时交换营运管理信息，及时就收入利润、服务等关键问题沟通协调，促进双方信任，维护长期合作关系。从运营模式的角度观察，巴蒂电信的做法实际上形成了合作者的共享，这种创新的应用模式，后来被称为印度模式。

在这种模式的支持下，巴蒂电信从 2000 年的一家只有 35 万客户的小电信公司发展为客户数量过亿的世界级电信巨头。

获客模式。今天的客户身处一个信息爆炸的社会中，对于传统获客的方式，如广告、营业推广等，已经麻木和疲惫了。其实，工业时代的客户总体上拥有的信息不充分，占有客户信息渠道成为这一条件下的主流模式。但互联网时代的客户拥有丰富的信息渠道和信息来源，渠道和来源很难垄断，也就很难通过有限的固定渠道施加影响。所以，围绕获客模式的创新成为企业最关注的头等大事。

获客模式一般会通过三种方式实现创新。一是营造参与感。参与感一般以产品设计直接反映使用者意见最为常见，参与感让客户的体验产生了升华——他们由原来产品的使用者变身为"使用者+设计者"，这使得他们与产品乃至企业的黏性大大增强。小米手机把"米粉"组成社群，不但能够及时、准确地把握市场需求，也掌握了社群营销的固定渠道。

二是调整交易结构。企业与不同类型客户之间及不同产品之间本质上是一种交易关系，这种交易关系会以一种分配结构反映出来，调整交易结构，就是调整分配利益关系。

在 2009 年奇虎 360 推出免费杀毒软件之前，杀毒软件一直属于软件行业中高利润的细分市场。2003 年，杀毒软件龙头企业瑞星在国内个人防病毒软件的市场份额上占比一度达到 60%，一年的销售额能达到 7 亿元。在 2009 年瑞星启动 IPO 之际，奇虎 360 突然宣布自己的杀毒软件免费。

奇虎 360 的这一举动被业界认为是自杀行为，免费意味着没有收入，没有收入的企业能支撑多久呢？然而，奇虎 360 另辟蹊径，找到了自己的新"利基"。它虽然在杀毒方面免费，但从浏览器的搜索业务和游戏业务中得到了收入。截至 2012 年，根据《电脑报》公布的杀毒软件市场占有率数据，360杀毒以48%的市场占有率排名第一，瑞星消失得无影无踪。

奇虎360采取的免费方式归根到底并不是一种策略，而是一种新的商业模式，更准确地说，是一种获客模式。与一般商家掀起的"价格战"或者采取降价策略不同，它并非阶段性的权宜之计，而是彻底的、长期的行为。因为杀毒免费，为奇虎360带来了超过4亿人的用户群，这是它在搜索业务和游戏业务领域分成获益的基础。

奇虎360CEO周鸿祎曾经一针见血地剖析这种获客模式，关键在于"用户"和"客户"的区分和协同。杀毒软件免费获得了"用户"，为奇虎360构建了一个庞大的底座；"用户"中的一部分转化为"客户"，为奇虎360贡献了利润。其实，史玉柱在网络游戏领域也使用过类似的模式，"用户"玩游戏免费，"用户"多了游戏更好玩，其中一部分"用户"转化为买装备的"客户"，游戏运营商由此挣到大钱。

三是建立自组织。这种自组织打开了企业的人力资源边界，把一批具有客户和生产者双重身份的人员纳入合作范围，让他们具有"使用者+生产者"的角色，形成一个自组织。这批乐于创造和奉献的客户，由于自身客观条件限制，设计、生产之类的兴趣未被满足，更倾向于参与进来，共同创造。最典型的自组织是维基百科。阅读百科全书的人同时也在编纂百科全书，甚至无须为此付费。

获客模式的创新方式如图9-7所示。

```
参与感
交易结构  →  网络效应
自组织
```

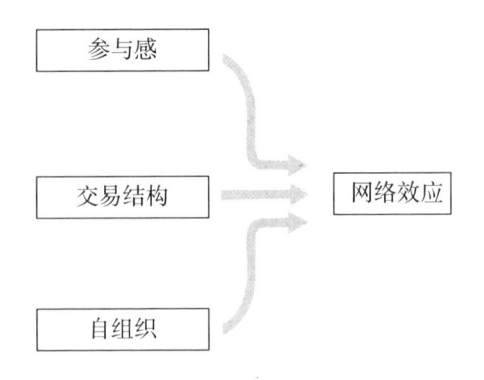

图 9-7 获客模式的创新方式

无论是营造参与感、调整交易结构还是建立自组织，其指向还是要建立自主获客的网络效应，形成"桃李不言，下自成蹊"的格局和效果。

盈利模式。对传统企业而言，干什么活挣什么钱，盈利模式与运营模式基本上是统一的，也是不言自明的。而从商业模式创新的角度，盈利点开始出现变种和分化，更为隐蔽和间接。这些变化反映在以下三个方面。

一是以"税收制"取代买断式贸易。传统企业多见的盈利模式是买入卖出挣差价，而互联网企业大量采用分成、抽头的方法。其优点一方面是做到了"拔最多的鹅毛，听最少的鹅叫"；比较另一方面，企业不保有流动资产，因而流动资金需求大大降低。这种模式在传统企业如中介机构中也有表现，但中介机构无法扩大规模，且往往需要和人力资本相结合。

"税收制"盈利模式最典型的案例是淘宝。其盈利点不但品类繁多而且不断衍生、变化，甚至难以尽数，但大体上来自广告收入和增值服务费收入。广告收入主要包括淘宝开店商家竞价排名和淘宝各页面广告位及链接。增值服务费收入主要是商家相关插件租金、开放平台在线软件租金分成和游戏平台收入分成。当然，从淘宝拆分出来，但同属于阿里巴巴的支付宝、余额宝同样是盈利大户,保证金存底、第三方支付和理财是上述增值服务的金融类型。

二是"转移支付"模式。对于互联网企业来说,获客模式和盈利模式往往是一个硬币的两个面,正是有了那样的获客模式,才有了那样的盈利模式。前面提到的奇虎360,在杀毒免费的获客模式下,就必须寻找其他的增值服务模式,奇虎360聪明地找到了新的"价值缝隙"——搜索业务和游戏业务领域分成。

盈利模式的创新也并不只属于互联网企业。四川航空利用休旅车经营,做出了一个漂亮的第三方收费模式。

四川航空以每台9万元的价格,购买了150辆原价14.28万元的豪华休旅车。四川航空承诺在载客休旅车上播放汽车的广告,预测每年有200万人的受众群体,汽车供应商于是给出了"跳楼价"。然后,四川航空将休旅车以每台17.28万元的价钱出售给出租汽车司机们,这一价格包括特许经营权和管理费用。出租汽车司机们知道这意味着稳定的客户源,150辆车销售一空。四川航空因此直接获利1242万元。最后,四川航空发布消息,只要购买五折票价以上的四川航空机票,就能免费享受豪华休旅车的接送服务,带动了其航空业务的拓展。关联获客、交叉收入在四川航空的做法中体现得淋漓尽致。

三是"专卖制"模式。企业建立平台后,在其中的大多数业务领域只做撮合,不收费,以招揽流量;但在极少数业务上,直接垂直开展直营业务。这种商业模式是一种"平台+垂直"的结合体。比较适合传统企业转型为互联网企业的互联网+类型。猪八戒网所谓的"平台+钻井"是比较典型的"专卖制"模式。

产品创新与商业化创新的程度

产品创新是商业化创新的重要载体,一般来源于两个出发点。第一是需求拉动型，即通过产品创新回应客户的需求。第二是竞争推动型，即通过产品创新跑赢竞争对手。前者一般反映为被动适应市场，后者反映为主动创造市场。

需求拉动型。来自客户的需求往往取决于客户对现有产品的认知。客户一般能够理解的是对现有产品的改进，从企业的角度看，需要我们提供具有改进式创新的产品。换言之，需求拉动型产品与改进式创新相连，理解客户需求成为改进式创新的关键所在。在实践中，理解客户需求要特别注意如下几点。

——闭门造车。理解客户需求的难点在于企业方克服主观主义，从"我"出发，而不是从对方出发考虑问题。反映在产品开发方面，就是企业不深入市场，不调研客户，主观臆造了客户的需求，并按照想象中的"客户需求"开发出市场并不接受的产品。

今天，我们可以看到很多商品在商场中堆积如山，无人问津。可见，这种"生产者导向"而不是需求导向的产品开发比比皆是。不单是生活中的普通产品，那些投入、规模惊人的大项目、大产品，也会犯闭门造车的错误。

铱星系统是美国摩托罗拉公司设计的全球移动通信系统。主要包括运行在地球7条轨道上的卫星，每条轨道上均匀分布着11颗卫星，组成一个完整的星座。它们就像化学元素铱（Ir）原子核外的77个电子围绕其运转一样，因此被称为铱星。后来经过计算证实，6条轨道就够了，于是，卫星总数减少到66颗，但仍习惯称为铱星。

铱星计划的想法据说来自摩托罗拉的工程师巴里·伯蒂格的妻子在加勒比海度假时的抱怨，她说她无法用手机联系到自己的客户。回到家以后，巴里和摩托罗拉卫星通信小组的另外两名工程师想到了一种铱星解决方案。

铱星系统的最大特点是，通过卫星之间的接力来实现全球通信，相当于把地面蜂窝移动电话系统搬到了天上。它的优势十分明显：一是通话质量高，二是不依赖地面站，是真正意义的全球通。

然而直到申请破产为止，这个耗资50亿美元建立的通信网只有5.5万名用户，而一些分析家估计该公司要实现盈利平衡至少需要65万名用户。

——问卷蒙蔽。企业想了解客户需求，通常采用访谈和问卷两种主要方式。问卷由于面积广、成本低、结构化，比较适合做统计分析。但问卷的发放渠道、分发范围以及问题的设置，都会影响分析需求的效果，进而影响产品创新。

——现地现物。了解和把握客户的真实需求，必须坚持亲力亲为。日本丰田公司用一个日文术语"现地现物"来概括这个原则，它是精益生产词汇中最重要的一个用语。强调除非亲自观察，否则你无法确定自己是否真正了解任何商业问题中的任何部分，想当然和依靠别人的汇报都是不能被接受的。丰田2004款赛纳小型厢式车进入北美之前，负责新车款设计和开发的首席工程师开车走遍全美国50个州、加拿大13个省和墨西哥的所有地区，总行程超过53000英里。结果他发现买这辆车的虽然是父母或祖父母，但拿主意的却是家里的孩子，而孩子最关心车内环境。这位首席工程师于是决定把预算中的相当一部分，花在了内饰的舒适度上，尤其是车厢后2/3的部分，因为这对孩子具有吸引力。结果，塞纳2004款的销量比2003款的销量高出60%。

真实需求对产品创新十分关键，但真相常常被掩盖。我们需要学会静下心来，学会倾听草丛中小虫的低鸣，不要被锣鼓喧天冲昏了头脑。

本田公司成功冲击并主导北美和欧洲摩托车市场的案例，经常被引为经典。在这个案例中，本田公司主动采取了一种基于经验曲线的生产战略，即"降低价格→增加产量→大幅消减成本→进一步降低价格→进一步消减成本"，于是在摩托车全球市场建立了不可动摇的低成本制造优势。

本田凭借这一优势开始逐渐向高端市场渗透和转移，最终将绝大部分的知名摩托车制造厂商淘汰出摩托车市场，即便是硕果仅存的哈雷公司和宝马公司，也在与本田的竞争中元气大伤。

但最初本田是怎样了解北美摩托车市场需求的呢？北美摩托车市场上原本可没有本田开始销售的那种轻型摩托车，这才是整个故事的起点。

在日本"二战"后重建的年代，本田公司成长为一家生产小型、耐用型摩托车的厂商。这种产品的主要客户是拥堵的城市地区的经销商和零售商，他们利用这种摩托车来向当地客户运送一些体积较小的货物。本田公司在为这种摩托车设计小型高效的发动机方面，积累了大量的经验。

本田在日本取得成功后，决心进入北美市场。但北美并不需要这种穿行于城市街道的"轻骑"。本田公司的研究表明，在美国，摩托车主要作为长途交通工具使用，因此，客户对摩托车的体积功率和速度等产品属性的要求特别高。于是，本田公司的工程师专门为北美市场设计了一种快速大功率的摩托车。可想而知，本田公司新研发的这种"大家伙"，怎么会是哈雷和宝马的对手，大多数摩托车经销商都拒绝接受未经市场检验的产品。

1959年，本田公司派遣了三名员工来到洛杉矶，开始在北美市场推销这种大功率的摩托车。为了节约生活成本，三个人每人都带了一辆名叫"超级幼兽"的轻便摩托车，以节约市内的交通费用。在一个周末，三人骑着超级幼兽在山林中放松心情，周围的邻居和其他人看到他们骑着摩托车在山林中兜风，开始向他们询问在哪儿能买到这种可爱的小摩托车，三人立刻提出帮他们从日本特别订购。后来，越来越多的人都希望拥有自己的小型本田"超级幼兽"，与他们的朋友一起在野外飙车。这让本田公司美国团队意识到，也许在北美存在一个尚未开发的越野娱乐摩托车市场，而本田的小型 50cc"超级幼兽"，恰好符合这个市场的需求。

竞争推动型。企业在经营过程中，出于甩开竞争对手的目的，希望自己的产品更高、更快、更强，因而主动地进行产品创新。如果是单纯地把产品在原有设计上增强还好说，一旦要推出一个与原有产品完全不同的全新产品，压力马上传导到参与产品创新的每一个人。这个时候，用户需求这盏航标灯突然隐没在茫茫大海之中，企业必须自己判断客户未来能否接受这个世界上还不存在的新产品。

一种情况是，这种全新产品开创了一个新的品类，与原有相关产品形成鸿沟。比如，王老吉就成功地定义了"防上火饮料"这个新的品类，与所有舶来自西方的瓶装、罐装饮料相区隔。"防上火"反映的是纯粹的中国文化，而凉茶又是地地道道的中国配方。这种产品的创新并不伤及原有产品，不改变原有竞争格局，完全是从增量上做文章。而另一种情况是全新产品改变了品类的格局，对整个行业构成颠覆。

颠覆式创新的产品具有这样一些特点。一是降维打击。当颠覆式产品最终崛起后，所谓"大树之下、寸草不生"，体现的是一种对行业所有产品无差别的杀伤。原有产品之所以存在，自有其存在的基础，即"维"。而颠覆式产品把这个原有产品的"维"或者说得到客户青睐的主要功能，直接置于一种可有可无甚至完全无用、完全无感的境地，原有产品一下子失去了存在的价值。比如，瓦特的高效率蒸汽机出现后，原有的动力——畜力、风力、水力逐渐退出工业领域，可以说，蒸汽机就是一种工业动力方面的颠覆式产品，它实际上对工业动力全行业实施了降维打击。

某种程度上，电影也对戏剧进行了颠覆式创新。戏剧的艺术欣赏功能虽然被在一定范围内保留了下来，但原有的最主要的娱乐功能，则被电影颠覆殆尽。戏剧只能在一个非常专业而狭窄的圈子里得以演出和交流，与当年万人空巷、一票难求，完全不可同日而语。

二是起初相对弱小。颠覆式产品面世之初，往往在性能、质量、客户感受等方面远逊于原有产品。比如，互联网媒体刚刚出现时，文字水平低、内容少、缺乏原创稿件，一些网站甚至直接拷贝报纸、杂志的文章。液晶产品刚刚出现时，屏幕小、色彩单一、价格高。这些不足和缺陷让主流厂商很难将之视为强劲的对手。

三是存在至少一个突出的特质。颠覆式产品既然一开始很多方面不太出色，一定有一个突出的特质已经表现出来，所以才能获得一部分市场。这个特质一方面是客户的痛点，另一方面是原有产品无论如何也不能改善的"死穴"。

还举互联网媒体的例子。它的突出特质是可以互动和反应速度快。互动和反应速度是现代人的本质要求。传统媒体虽然也在不断提高反应速度，但这种提高是有天花板的，如报纸一定受到排版、印刷的限制。传统媒体都是广播方式，不可能实现实时、充分的互动。液晶产品的特质不太明显，就是人们对显示器厚度的要求。液晶产品可以做到最薄，而其他显示器包括等离子技术都不能与之相比。更深入地分析，这种特质实际上代表了人们对一类产品的潜在需求和未来需求。

四是从边缘市场开始突破。颠覆式产品选择边缘市场渗透的原因有二：一是主流市场意味着高端需求，而颠覆式产品在初期无法满足；二是边缘市场对产品特质的需求更强烈。

例如，电商在诞生之初切向图书市场，是因为图书体积小、重量轻，对物流压力不大。卖书只要展示书名、作者等简单信息即可，不需要较高的客户体验。图书产品的性能、质量鉴别比较简单，不太容易产生歧义和纠纷。同时，购书人对图书的搜寻时间非常关注，网上购书最重要的特质是节约了选书时间。

第九章 商业化创新

互联网媒体最初起到的是留言墙的作用。当一个传播小道消息的媒体，自然为主流媒体所不齿。但年轻人可以通过互联网媒体表达意见，这个需求强烈到可以忽略其他所有的缺点。贴吧后来成为所有网站的标配，其需求可见一斑。

液晶产品最初应用在对颜色、尺寸不敏感的手表上。但它的数字化显示带来的科技感，使得科技时尚一族趋之若鹜。这个市场对于主流的电子显示器厂商来说，根本就可以忽略不计。

五是极易杀入主流市场。颠覆式产品虽然初期的水平不高，但往往进步很快。一旦突破了某个临界点，业内的人才、技术等要素向其聚拢，在质量、性能等方面就可以接近或超过原有产品。此时，突破边缘市场、进入主流市场就水到渠成了。

互联网媒体在边缘市场站稳脚跟后，一大批新锐和传统媒体精英的加盟，使它的内容质量有了大幅提高；网络带宽、网速等基础设施指数级的改善让高质量图像、音频、视频、游戏相互叠加；原有的简单互动发展为博客、微博等自媒体平台。这时，新闻受众的主流已经把互联网媒体作为最常用、最愿意用的工具，主流市场自然为之洞开。

液晶产品随着技术的不断突破，先是从电子手表、计算器显示市场杀入笔记本电脑这种中等尺寸的市场，最终在与等离子争夺电视显示屏中完胜，成为最主流的显示屏。

技术创新与商业化创新的系统性

技术创新有广义和狭义之分。广义上来说，技术创新推动了全社会的技术进步，这是一个宏观的主题。狭义上来说，技术创新是企业围绕技术开展的一系列活动。

技术创新是企业商业模式创新和产品创新的工具、手段和桥梁。我们常说互联网思维的核心是有关商业模式的颠覆，但它的基础是互联网这个基础设施，根本上要依靠互联网技术。而产品创新是一个创新定位、创新设计的聚合体，但很大程度上也取决于技术创新。技术创新不但可以改变企业的商业模式和产品，还可以改变企业的战略和管理。

那么，企业如何开展技术创新呢？一是自主创新，二是技术成果转化。

自主创新。一般来说，企业由于直接面对市场和客户，因而比研究机构和其他企业对自身客户的需求认识更深，创新的动力也更强。自主创新虽然更艰难，但会创造更大的经济效益和社会效益。

麦克莱恩是集装箱之父，他出生在美国，年轻时当过卡车司机。22岁的时候，他拥有了一家运输公司，到"二战"结束的时候，这家公司成长为美国规模较大的运输公司之一。

1953年，受困于陆上高速公路的拥堵，麦克莱恩产生了一个汽车直接上船、走海陆联合运输的念头。

但当时美国政府对铁路、公路和航运实行分业管理，为了绕开管制，他就干脆并购了一家轮船公司，着手这一实验。在实验中，他发现如果能够做到车厢分离，仅把厢体作为转运的载体，既能节约空间，又能降低运输成本。

集装箱的单体技术已现雏形，但涉及社会系统创新的任务还远未完成。吊装设备、标准以及配送流程还没有规范，没有得到广泛接受。因此，集装箱投入运营初期不但没有提高效率、降低成本，反而出现了成本上升和效率下降。

20世纪60年代，在美国军方的协助下，诞生了运用集装箱的3C原则，即一个集装箱、一种货物、一个目的地。这样运用集装箱最节省、最高效。到了1967年，集装箱时代才开始爆发。

作为一项系统创新，集装箱深刻地改变了人类的生产活动。它不但改变了码头作业方式、集装箱货轮的运营模式，还使得生产制造实现了全球化。某种程度上讲，中国从 20 世纪 80 年代开始参与国际分工，并成为全球化最大的受益者也有集装箱的一份功劳。

技术成果转化。这种技术创新实际上是拿来主义，着眼于新型技术的商业化应用。对企业来说，要求它一只眼睛盯住市场的演进，另一只眼睛盯住技术研究机构的技术进展。既要追踪引起行业变革的单点技术，又要利用单点技术组合完善，进行系统创新。

这里要着重辨析一下单点技术创新和组合技术创新。

单点技术创新比较好理解，就是企业在某一项技术或者技术的某一方面取得改善和突破。比如，前面提到的液晶显示屏技术，每一次尺寸的放大，都意味着技术在单点上的突破。从美国的 RCA 到日本的日立，从韩国的三星到中国的京东方，液晶显示技术领先者数易主，无不依靠各方的单点创新。

组合技术创新指企业将一系列先进技术进行组合，使技术的整体水平得到较大提升。比较典型的例子是苹果 iPhone。前文提及了很多关于苹果手机商业模式和产品创新的启发，其实苹果在技术组合创新方面，也有颇多可圈可点之处。比如，触屏技术、指纹识别、语音识别等，都是苹果率先引入手机之中的。这些技术不但代表了业界的领先水平，而且完美地结合在一起，凸显了苹果手机科技先锋的品牌形象。

商业化创新思维

前文关于商业化创新的探讨，主要针对的是企业和创新活动，但我们还应认识到创新归根结底要来自人。人的创新思维才是商业化创新中最活跃的、决定性的因素。

作者认为，商业化创新思维是有规律和方法可循的。这主要是由于商业化创新是沿着"需求→思路→方案→验证"这样一个链条开展的，如果方法得当，这一链条一定会产生一个结果，这个结果的水平可能有高下之分，但总会对需求的满足有所帮助，对现有的状况有所改变和提高——既可能出现超乎我们想象的颠覆式创新，也可能出现改进式创新。这和思想创新这种广义的创新不同，不存在真理和谬误之分。

此外，商业化创新必须得到市场的检验。市场是一块试金石，它既会拦住你不切实际的做法，又会不厌其烦地为你测试。因此，越早与市场见面，越容易纠正错误的做法，得到改进的启发，也帮助你控制了商业化的成本。

作者归纳了商业化创新思维的四种切实有效的方法，并按照"需求→思路→方案→验证"的路径逐一解析，希望对企业界的人士有所帮助，如图9-8所示。

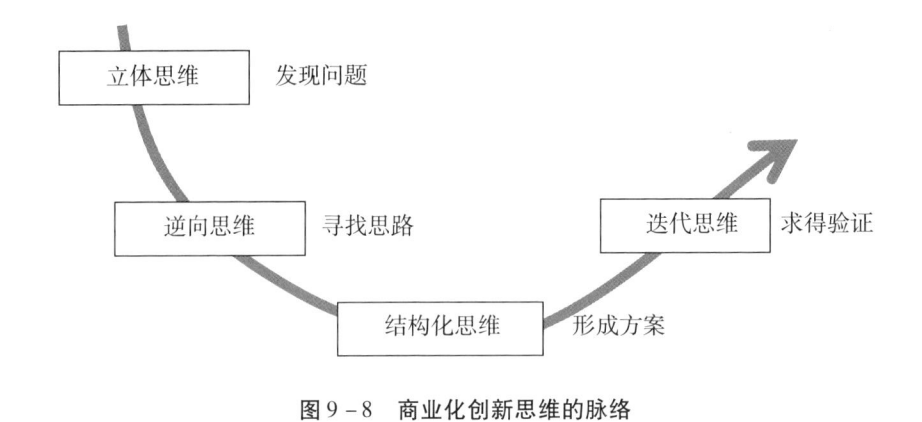

图9-8 商业化创新思维的脉络

立体思维

立体思维也称"多元思维""空间思维"或"多维型思维"，是指跳出点、线、面的限制，从上下左右、四面八方去思考问题的思维方式，也就是要"立起来思考"。立体思维的主要功能是发现问题，发现需求。

立体思维与我们惯常的"直线思维""单线思维"或者"平面思

维"相对。普通人在思考问题时，往往思维不能发散，存在严重的思维定式，因而对于用户的需求不能有效辨识。

一是思维不能发散或者叫"思维板结"。这和我们人类的自然思维习惯有关。早期人类的思维中，理性思维还没有从感性思维中分离出来，一切思想意识的发生，都是由某种具体的刺激物所引起。表现为只能具象，不能抽象；偏重直觉，少有经验；因果不分，难以推理。比如，整个思维混成一团乱麻，或者板结成一个硬块，只能进行直觉式判断和反应，无法进行深入、细致的分析和推理。近两年有一个网络用语——"简单粗暴"流行，认为做企业不要深入思考，只要应激式反应即可，作者颇不以为然。试想，为什么阿里巴巴、腾讯、奇虎360这些企业能够崛起？他们哪个不是老谋深算、发前人之所未发？

今天，虽然科学昌明、技术先进，但我们普通人仍残存着人类童年时代的思维遗迹。这种"思维板结"在日常生活中本无大碍，可能还平添了童真和情趣，但在处理复杂的、变化的、隐性的市场需求方面，如果"思维板结"，则让我们很难透过事物的现象看到事物的本质，很难找到问题所在。

二是思维定式。思维定式就是"惯性思维"。它既有积极的一面，也有消极的一面。在环境不变或者变化不大的条件下，这种定式使人能够应用已掌握的方法解决问题，效率比较高。比如，我们凭借经验来判断和做事，有一定的套路，对识别和解决日常一些周而复始的事情有帮助。而在情境发生变化时，它则会妨碍人采用新的方法。消极的思维定式是束缚创造性思维的枷锁，容易产生经验主义。思维定式中最主要的是线性思维。我们总试图与事物直接、单向联系，而往往忽略了间接、多角度联系。

前文中有关本田摩托进入美国市场的分析，就是一个线性思维明显的例子。美国人从前买的是大功率的摩托车，于是，本田就设计大功率的产品。而潜在的、多维度的需求就没有进入分析的范畴，直到这种需求叩响了销售人员的大门，他们才恍然大悟。

有一个福特发现汽车需求的故事，也说明了类似的问题。福特问用户需要什么样的交通工具，用户回答需要一匹跑得更快的马。很多人就此得出结论：发明世界上还不存在的产品不需要市场调研——消费者反正想象不出汽车这样的产品来。真的如此吗？其实，如果我们抛弃"马"这个概念，消费者提出"更快的"需求难道不重要吗？正是"更快的"要求，让福特认识到既然在马这种动物身上不能极大地提高速度，我们还是用别的办法来解决消费者的需求吧——汽车才有了需求的根基。否则，内燃机这种革命性的技术还不如用到拖拉机上更有用。

为了减少线性思维的影响，避免思维板结，比较好的方法是"头脑风暴"。头脑风暴，就是采用团队讨论的方式挖掘需求，最终找到问题所在。与一般讨论相区别，采用"头脑风暴"时，由于团队讨论使用了没有拘束的规则，人们就能够更自由地思考，进入思想的新区域，从而产生很多新观点，发现很多新问题。当参加者有了新观点和想法时，他们就大声说出来，然后在他人提出的观点之上建立新观点。所有的观点被记录下来，但不进行批评。只有头脑风暴会议结束的时候，才可以对这些观点和想法进行评估。

逆向思维

逆向思维就是"反其道而思之"。反其道的"反"有两层含义：一是与常见之"道"相反，即不按常识思考；二是把"道"倒过来用，即以终为始。逆向思维的主要功能是找到方法和思路。

不按常识思考。世界上的很多伟大发现都是反常识的，如果让常识固化了我们的思想，屈就于思维定式，人类就不能有伟大的进步和发现。我们每天看到日出日落，常识告诉我们太阳围着我们转，人类处于宇宙中心。而哥白尼不按常识思考，才诞生了"日心说"。常识认为自由落体中重的东西先落地，轻的东西后落地，伽利略不按常识思考，才得出了自由落体定律，发现了运动的速度与质量无关。

在我们研究市场需求时，如果按常识思考，也会对商业行为产生误判。苹果首次推出 iPhone 时，诺基亚认为围绕移动电话的技术储备和渠道运作，苹果要想赶上诺基亚至少要 10 年以上。如果从常识出发，把手机只当作通信工具，那么，诺基亚的观点并无不妥。可是，苹果的逆向思维是根本没有把 iPhone 看成移动电话，它研究的是人们对于移动互联网的需求，要提供的是移动互联网的接入终端。短短 4 年以后，苹果的手机销量已经超过了诺基亚。

以终为始。许多事物互为因果，以终为始是我们对事物因果顺序的一种逆向思考。

1820 年，丹麦哥本哈根大学物理教授奥斯特通过多次实验，发现了存在电流的磁效应。基于此，法拉第认为电和磁之间必然存在联系并且能相互转化。他想既然电能产生磁场，那么磁场也能产生电。他从 1821 年开始做磁产生电的实验。历经 10 年无数次实验失败后，法拉第把一块条形磁铁插入一只缠着导线的空心圆筒里，结果导线两端连接的电流计上的指针发生了微弱的转动——电流产生了！

1831 年，他提出了著名的电磁感应定律，并根据这一定律发明了世界上第一台发电装置。如今，他的定律依然改变着我们的生活。

做企业本来是生产者或者供应商的出发点，从客户出发，站在客户角度思考问题就是一种典型的以终为始式的逆向思考。脑白金本来是一种保健产品，史玉柱却敏锐地发现年轻人看长辈的送礼需求，那么，把产品包装为礼品就顺应了消费者的需求，脑白金因此大卖。海尔发现四川农民用洗衣机洗红薯，造成了洗衣机故障。但他们不是顺向思维，指导用户应该洗什么、不该洗什么，而是以终为始，才开发出适合洗红薯的洗衣机。

结构化思维

在找到各种思路和方法后，我们还需要把发散的思维归纳、整理，并进行再处理，形成真正意义的解决方案，这是形成产品原型的基础。可以说，立体思维发现问题，逆向思维产生点子，结构化思维要形成方案了。

没有结构化思维，我们的点子、思路虽然令人激动，但终究落不到计划、方案层面，也没法投入开发。同时，有大量的点子、思路其实是伪点子、伪思路，经不起推敲和论证。结构化思维起到去粗取精、去伪存真的作用。

结构化思维最实用的方法，是麦肯锡提出的 MECE（Mutually Exclusive Collectively Exhaustive），中文意思是"相互独立，完整详尽"。也就是对于一个重大的议题，能够做到不重叠、不遗漏地分类，而且能够借此有效把握问题的核心，并解决问题的方法。不重叠、不遗漏不是一个简单的要求，需要和自己的头脑较劲，把每一层、每一项分清楚。这种分类分到哪一层为止呢？分到一个你完全清楚地知道的常见事情上为止。这个事情是你的"元素"。

迭代思维

迭代思维来源于计算机软件设计思想中的"面向原型开发"。说的是开发者把软件的核心功能开发完成形成一个原型即投入试运行，而后再根据试运行中出现的问题持续开发，不断增加功能，如此反复的过程。这就要求开发者每一次开发都要能够独立运行，而不是等到全部开发完成才能上线。这种迭代思维打通了方案和执行之间的关联，强调了市场反馈和验证，并能够节省我们在研发方面的投入。试想，如果我们等到产品功能全都完备再推向市场，此时如果市场不接受则前期投入就都会付之东流。而迭代思维的运用，会让我们尽早与市场见面，发现自身的问题，即便被市场证伪，也可以把损失降到最小。

"精益创业理论"的提出者埃里克·莱斯把这种反馈循环应用于创业过程，特别是在产品创新中尤为有效。他把迭代创新的模式总结为如图9-9所示。

```
开发 → 测量 → 认知
 ↑_____|
```

图9-9　埃里克·莱斯的反馈循环

这个关于迭代思维的模型最有价值的是他把开发放到了整个循环的第一步，强调行动在先，尽早与市场见面，根据市场反馈再来指导开发。

埃里克·莱斯还提出了一个重要概念MVP（最小可用产品），即在某种创意下具备产品的基本形态，无须功能完备或者各方面都令开发者满意。这个MVP就应该先和用户见面，接受客户的反馈。

第十章　结语：未来的企业集团

（一）

在公司出现以前，个人独资与合伙企业是最典型的企业形式。1555年，英国女皇特许与俄国公司进行贸易，从而产生了第一个现代意义上的公司。一般认为，股份有限公司起源于17世纪英国、荷兰等国设立的殖民公司，如著名的英国东印度公司和荷兰东印度公司就是最早的股份有限公司。通过一系列约定，公司使小资本组合为大的资本，分散的业务聚合成大的业务，小舢板变成了航空母舰。

19世纪末20世纪初，为了在购销上形成一致行动，同一行业的企业开始联合，形成了企业集团的雏形，德国卡特尔（Cartel）和辛迪加（Syndicate）是这种横向合并的典型表现形式。其后，为了进一步放大资产和规模，也为了摆脱有关垄断的指责和限制，经过无数次变形与重组，形成了今天形形色色的集团企业，航空母舰变成了联合舰队。

上述近现代企业组织的演进过程体现出两条比较鲜明的线路：一是从资本层面不断追求集中，二是从管理层面不断追求控制。同时，两者相辅相成，同为紧密耦合的大企业组织这个硬币的两个面。

资本集中是工业时代企业发展的客观要求。分散的中、小资本合并成少数大资本，才能获得更高的信用杠杆，才能兴办中、小资本所无力筹建的大项目，才能通过规模经济获得低成本优势，最终在竞争中胜出。

第十章 结语：未来的企业集团

加强控制是管理工业企业的必然结果。工业企业特别是大型企业集团，要求在战略层面达成确定性和统一性，即集团企业拥有统一的大脑、统一的思维和统一的判断；要求运营层面保持高度的稳定性、一致性，即集团企业采取一致的计划、一致的步骤和一致的行动。

但在互联网时代，情况发生了重大逆转。

——个体的力量在崛起。以往，个体被割裂在信息不对称的狭小空间，互相之间只能开展小范围、近距离的沟通，个体之间也无法形成有效的经济协作。只有加入大组织，成为一部大机器上的一个零件，通过大企业开展经济协作，个体作用才能得到发挥。集团企业于是打造了一整套紧密耦合的体系，通过下命令、定指标、严考核等方式，制订了繁复的计划、流程、制度等，把众多个体捆绑在一驾马车上，达到高效运行的目的。

进入互联网时代，互联网把千千万万个体通过网络连接在一起，他们通过网络形成共同的目标和看法，进行充分的沟通和协作，这种网络化虚拟组织的产生，使得他们对大机构、大企业的依赖程度大大降低。个体的意见表达和达成共识，反映出比较充分的民主性。而自主、灵活的各种生态、社群，又体现了较强的自由性，因而更加贴近人性。大机构、大企业的作用相对降低了。

——创新的威力在上升。创新是企业永葆青春活力，获得持久竞争优势的法宝，但创新的效率、地位和作用却并非一成不变。工业时代中，创新是一个缓慢、渐进的过程，真正具备颠覆性的创新，需要企业孤注一掷，长期投入、艰苦奋斗，才能获得成功。与因循复制相比，创新存在太多不确定性，企业更倾向于通过保守而勤奋的努力，实现自身的经营价值。

在互联网时代中，创新的条件有了极大改善：创新的成本由社会资本分担，创新的资源能够迅速聚合，创新的沟通与碰撞更加方便，于是，创新的效率大大加快，创新的成果层出不穷。创新，能让一个初创企业迅速占领全球市场；能让一个小团队迅速实现十亿、百亿美元估值，成为独角兽公司；能让一个名不见经传的公司迅速天下闻名。

——人的因素成为核心。工业时代，经济的决定性力量是资本。资本方或者直接进行生产经营决策，或者以委托代理方式通过治理结构干预运营。总的来说，资本方是真正的掌控者，付出劳动的一方只能执行资本的意图和指令，接受资本的调度和管理。公司和企业集团的根本逻辑是劳资结合、以资为主，人在这个结构中的地位是低下的、被动的。

在互联网时代中，我们感受到了重大的变化与不同。拥有创意和技术的创意精英们从企业的配角变成了企业的主角。他们可以两手空空单凭一项技术或者一个创意开始创业，可以按自身爱好和感受选择企业和资本，可以以"合伙人制度"获得和行使公司控制权。相应地，资本方变成了创意精英们的追随者，他们为创意精英一掷万金，他们为创意精英搜寻资源，他们为创意精英出谋划策，他们心甘情愿变成了配角。

种种情形催生了当今最富时代特征的经济活动——创业！

（二）

周虽旧邦，其命维新。作为大企业的代表——集团企业，必须用创新重塑自己的江湖地位，必须把创新作为自身转型的核心，这已经毋庸再议了。那么，用什么方法开展创新，如何在创新中脱颖而出，却值得每一个集团企业家深思。

本书的大部分篇幅，都在阐释创业在集团企业转型创新中的作用、方法和策略，相信能够与许多读者产生共鸣。但创业对于集团企业的意义还不尽于此。它不应仅仅成为集团企业摆脱困境的权宜之计，不应仅仅成为集团企业追赶风口的一时之举，更不应该是集团企业姑妄听之的无奈选择。

未来，创业将成为集团企业发展的主流和常态，我们应该用创业重新定义企业。

——站在战略维度，集团企业不只是要开展一次创业、二次创业，而是时时刻刻创业。

未来的集团企业，会有一个非常宏大的愿景。这个愿景，既是集团企业的初心，也是集团企业的宏愿。正像马云一直强调的那样，"阿里巴巴让天下没有难做的生意"。成功的集团企业不会再制定长期的、全面的、完整的战略目标，因为这个时代变化得太快，集团企业面对的环境太不确定。但集团企业会围绕自身的使命，拥有一系列分布的、动态的、不断演进的目标。每一个目标将启动一个创业项目，一系列目标就产生了一系列创业项目。

未来的集团企业，会不断调整自身的航向。航向的调整，不再如同驶向深海的一艘巨轮，完全依赖于经验丰富的船长，而是释放出数不清的小舢板——创业公司，不断试探未知的海洋；不再依赖固定的航海图，而是靠雷达、靠定位仪，不断根据实际情况修正前进的方向。

未来的集团企业中，集团层面也不再制定整齐划一的执行步骤，转而由创业公司提出产品、商业模式和技术的原型，直接推向市场。他们根据市场的反馈，不断修正和调整甚至直接放弃或更换方案。"兵无常法、水无常形"，市场是千变万化的，创业公司的步骤和方案也是千变万化的。一批创业公司脱颖而出，就意味集团企业得到了成长。

——站在组织维度，集团企业不是投资于创业公司，而是成为一个创业公司的集合体。

未来的集团企业，不再是各业务单元板结成一体的航空母舰，而是由一批机动灵活的舰船组成的联合舰队。他们之间有协同，但不拘泥；他们之间有链条，但不绑定；他们为集团创造价值，但又保持相对独立。

未来的集团企业,不再是一个金字塔,而是一张开放的价值网。集团公司隐身于后台,着力打造各创业公司的坚实底座。创业公司披坚执锐,冲锋陷阵,他们共享集团的平台,又构成了集团的生态。集团企业于是演变成为一个开放的利益共同体。

——站在管理维度,集团企业最重要的使命是管理创业。

未来的集团企业,首要的任务是发现创意精英。他们像一群蚂蚁雄兵,披坚执锐,一往无前;他们能从创造中获得乐趣,"不用扬鞭自奋蹄";他们能够发现商机,甚至引导市场需求——他们才是创新真正的核心和推动力量。

未来的集团企业,核心的职能是发动创业。发动创业,就是发动创新。鼓励有创造力的个人和团队,不断用创业的方法推动创新。创造更有利于创业的体制、机制,让优秀的项目、优秀的人才能够脱颖而出。

未来的集团企业,关键的技能是投资创业。投资优秀的创业项目、优秀的人才,就是投资集团的未来;择时跟进、退出创业项目,就是集团的经营策略;把握创业项目脉动,因时因地采取措施,就是集团的风险管理。

创业,未来的集团企业永远在路上。

(三)

1776年,瓦特制造出第一台有实用价值的蒸汽机,工厂代替了手工工场,人类进入了工业时代。但直到19世纪晚期,传统的以经验、习惯为主的管理模式依然占据主导地位。管理没有跟上技术进步的步伐。

19世纪晚期,美国的泰罗和法国的法约尔两位大师不约而同地提出了科学管理的理论和思想。虽然两人的观点侧重点有所差异,但标准化、制度化和职能化是他们的共同点,他们的观点成为工业企业管理的核心理念。

"管理者的首要职责是制订周密合理的计划,然后将这些计划一一落实。"泰罗和法约尔那一代人受到了军事专业指挥体系的启发,提出了工业企业的组织模式。标准化、制度化和职能化,代表着工业企业对标的组织是军队。

如果我们再一次把目光投射到谷歌等一批互联网时代的典型企业,再一次把目光投射到硅谷这个诞生了谷歌、易趣、脸书等一批互联网企业的区域,不由得产生出一系列疑问——这些企业为什么都诞生于这样一个地区?创意精英们究竟得到了什么样的涵养?什么样的环境更有利于创新和创业?

这一切源自斯坦福大学的无心插柳。

20世纪50年代,被称为乡村大学的斯坦福试图全面提升教学品质时遇到资金困难,当时的副校长弗雷德里克·特曼决定将学校空余土地出租。一个由研究所、实验室、办公楼为主体的工业园区破土动工,入驻企业的员工可以在斯坦福获得培训机会。

1955年,以惠普为首的7家高科技公司入驻斯坦福工业园;截至1980年,整个研究区的265公顷土地被90家企业的25万名员工占据,伴随着斯坦福工业园区的土地全部租空,更多的新兴企业开始围绕工业园区建设办公楼和厂房,一个被人称为硅谷的高科技产业区基地形成了。

今天,这个不到美国国土面积万分之一的狭长地带吸引了来自世界各国的科技人员多达百万名,近千名美国科学院院士在这里任职,其中包括近百名诺贝尔奖、图灵奖和香农奖的获奖者。1991年,斯坦福大学迎来了百年校庆,仅在这一天从这里走出的校友向学校捐款总计120

亿美元。"据我所知斯坦福影响了 29000 家公司，它虽没发明许多东西，但它提供了这种创新的氛围，它培养了天才，这些人带着创新的点子创立公司。"——美国计算机历史博物馆研究员戴维斯·劳斯。

答案是明确的。正是一种大学文化、大学环境和大学机制，孕育出属于 21 世纪的企业。正如工业时代集团企业对标军队一样，互联网时代集团企业对标的组织应该是像斯坦福这样的大学。

我们做出大胆预测：未来评价集团企业是否成功的标准是，能否培养和吸引创意精英，能否不断裂变和诞生独角兽企业，能否为创业公司持续和高水平的赋能。

让我们用创业重新定义业务；

让我们用赋能重新定义管理；

让我们用孵化器重新定义企业集团。